¡ Bienvenido a Costa Rica !

Jaguar au centre de secours Las Pumas à Cañas.

... se présente le Costa Rica. Son nom de « côte riche » lui vient de son découvreur Christophe Colomb, ébloui par les parures des Indiens qu'il rencontre lors de son quatrième voyage. Depuis, ce territoire n'a cessé d'être un pays beau, calme et attachant, étant qualifié à juste titre de Suisse d'Amérique centrale. Pays démocrate depuis son indépendance en 1821, le Costa Rica a aboli la peine de mort en 1882, n'a plus d'armée depuis 1948 et a donné le droit de vote aux femmes en 1949 ! Véritable corridor biologique entre les Amériques du Nord et du Sud, bénéficiaire d'une biodiversité des plus riches du monde (6 % de la biodiversité de la planète) et conscient de cette énorme richesse – son or vert –, le Costa Rica a fait de la protection de la nature, outre une profession de foi, une réalité quotidienne qu'il veut durable.

Alors que diriez-vous d'un voyage dans le pays de dame Nature ? Pour notre part, nous vous le recommandons et vous souhaitons bon voyage au pays d'Eden. Et comme disent les Ticos : ¡ Pura vida !

Volcan Arenal.

Sommaire

Découverte

Visite

De nombreuses fleurs tropicales colorent les sentiers de randonnée.

Spectacle folklorique à San José.

Pense futé

Lac de Nicaragua

La Cruz
Inocentes
Cuajiniquil○
Upala
Oschil
GOLFE DE PAPAGAYO
Laguna Caño Negro
Bijagua
Río F río
LIBERIA
Bagaces
El Coco
La Fortuna ●
Flamingo
Playa Pan de Azúcar
Filadelfia
Cañas
Tilaran *Laguna Arenal*
Playa Real
GUANACASTE
Tamarindo
Juntas
Sta Elena Monteve
Santa Cruz
Abangaritos○
Miramar ●
Nicoya
Puntarenas
Esparza
Nosara
Hojancha
San Ma
Sámara
Cerrillo
PÉNINSULE DE NICOYA
Tambor
Playa Tambor
PUNTA LEONA
Montezuma
Jaco

0   20 Km

OCÉAN

PACIFIQUE

Cuba
Mexique
République dominicaine
Haïti
Belize
Jamaïque
Guatemala
Honduras
El Salvador
Nicaragua
Panamá
Venezuela
Costa Rica
Colombie
Équateur
Brésil

NICARAGUA

PLAINES DU NORD

Río San Juan

MER DES CARAÏBES

Muelle

Puerto Viejo

Tortuguero

Ciudad Quesada

Cariari

RÉGION CARAÏBE

BOCA DEL RÍO PARISMINA

Zarcero

Guapiles

Ramon   Sarchi

Guacimo

Siquirres

Matina

mares

Alajuela   Heredia

SAN JOSÉ

Aéroport
international
n Santamaría

LIMÓN

San Pablo   Sta
Ana   SAN JOSÉ

Sta Cuz

Colon   Tres Rios   Pacavas   Turrialba

Puriscal   Aserri   Cartago

Paraiso

San Ignacio

Río Chirripó N Lantio

Cahuita

San Pablo

Puerto Viejo

San Marcos   Santa Maria

Bribri

TE DU PACIFIQUE CENTRAL

Sixaола

Parrita

CORDILLIÈRES DU SUD-EST

Playa Palo Seco

San Gerardo

Quepos

Rivas

San Isidro de El General

Playa Manuel Antonio

PANAMA

Playa Dominical

Buenos Aires

Cortes

Paso Real

Coto Brus

Gutiérrez Braun

Sabalito

GOLFO DULCE ET OSA

San Vito

Drake

Rincon

Golfito

Neily

Puerto Jiménez

Pueblo Nuevo

Madrigal

Laurel

Higo   González Víquez

Le Costa Rica est luxuriant.
© STÉPHANE SAVIGNARD

Les plus du Costa Rica

Un accueil chaleureux et professionnel

Le Costa Rica a depuis longtemps compris que son salut vient du tourisme, et les nombreux opérateurs, souvent formés « à l'américaine », sont très bien organisés. Nombre d'entre eux parlent l'anglais – les trois-quarts des touristes viennent d'Amérique du Nord – et les équipes intègrent bien souvent un opérateur connaissant le français. Mais que ce soit dans les agences ou dans les hôtels, ils sont pour la majorité très professionnels et sauront répondre à vos attentes. Quant aux Costaricains que vous rencontrerez au hasard de vos pérégrinations, ils se distinguent par leur gentillesse et leur discrétion qui peut parfois passer pour de l'indifférence, mais qui n'en est pas.

Un climat diversifié

Malgré sa position tropicale, qui devrait garantir au Costa Rica une certaine uniformité climatique, on peut trouver ici plusieurs climats liés aux différences d'altitude et à la proximité des océans Atlantique et Pacifique : si la chaleur humide des basses plaines devient trop écrasante, rien de mieux qu'une petite virée a la sierra pour se rafraîchir. Et on peut même y ressentir une vraie sensation de froid, comme aux alentours du Cerro de la Muerte. De nombreux lodges en altitude font marcher la cheminée le soir.

Entre décembre et avril, c'est la saison dite sèche, *el verano*. Il ne pleut pas, le soleil brille en permanence et les températures sont plus élevées. C'est la pleine saison touristique – la *temporada alta* : les touristes, notamment nord-américains, sont nombreux et les prix évidemment plus élevés. Même s'ils font partie de la *temporada verde* (la saison verte), les mois compris entre mai et novembre sont malgré tout fréquentables. Selon les années, les pluies sont plus ou moins abondantes, voire rares. Et ces années-là, c'est le bonheur en basse saison ! Nous vous recommandons de partir entre mai et septembre, pile au moment des vacances scolaires… Pendant cette période, il y a un peu moins de monde – un peu moins de Nord-Américains en fait. Mais en juillet et août, la période des vacances européennes fait partie de la petite *temporada alta*, et les prix des chambres d'hôtels sont souvent ajustés au niveau supérieur.

Un large choix d'activités

Outre la contemplation béate des règnes animal et végétal, on peut s'adonner au surf (les vagues du Costa Rica sont réputées), à la plongée (le plus beau spot se trouve sur la Isla del Coco, à 500 km à l'ouest de la côte pacifique !), au rafting et au canoë sur les ríos qui descendent de la cordillère centrale (Pacuare, Reventazón, Sarapiquí…), à la randonnée pépère comme aux plus extrêmes en forêt

dense, aux ascensions – comme celle du volcan Rincón de la Vieja –, au saut à l'élastique, au VTT, aux nombreuses randonnées à cheval, etc., et même au repos total dans des lodges éloignés de tout, où chacun est invité à respecter son prochain comme son environnement dans son hamac.

Une nature bienveillante

Très généreuse et variée – 6 % de la biodiversité de la planète ! –, la nature est ici protégée et respectée par tous. C'est l'un des principaux buts d'un voyage au Costa Rica. Si l'on est peu réceptif aux merveilles végétales et animales, on risque de s'y ennuyer un peu, bien qu'il reste la mer et les plages avec la pêche sportive très répandue et le surf tout autant. Mais les amateurs de fleurs, d'arbres, d'oiseaux, de grenouilles, d'iguanes, et de nombreux autres animaux trouveront le voyage toujours trop court.

© STÉPHANE SAVIGNARD

Plage de la région caraïbe.

De belles plages

Même si quelques complexes hôteliers n'ont pas hésité à recouvrir leur plage privée un peu grise de fin sable blanc – au mépris des lois naturelles – pour ne pas décevoir le touriste, les plages sont telles qu'on les imagine en pensant « tropiques ». C'est vrai qu'on peut être surpris par la couleur du sable de certaines d'entre elles mais elles sont toutes tellement belles et surprenantes ! Des grandes plages rectilignes, bordées par une frange tropicale toujours verte, aux criques peu fréquentées, aux eaux calmes et transparentes, aux vagues écrasantes pour les plages ouvertes… Il y en a pour tous les goûts.

Une qualité de vie sans pareille

D'après des expatriés qui en ont vu d'autres, le Costa Rica serait le pays le plus accueillant d'Amérique centrale, et peut-être même d'Amérique tout court. Il faut dire aussi que les étrangers y sont particulièrement bien soignés au travers de nombreux organismes d'accueil ou d'investissement. Dans la vie de tous les jours, et contrairement à ses voisins agités, il y règne une certaine tranquillité qui va de pair avec stabilité. Il n'y a pas d'armée et pas de putsch. Le respect des gens – aucun racisme –, de la nature, de la vie, la paix sociale et la démocratie sont bien ancrés dans le pays. La nature même est clémente, car si le risque d'éruptions volcaniques est toujours présent, il n'y a pas de cyclone au Costa Rica, fait remarquable pour un pays tropical de la région caraïbe. Enfin en conclusion, on peut dire qu'il s'y dégage une philosophie de vie que caractérise bien le slogan national *Pura vida*.

Fiche technique

Argent

▌ **Monnaie :** La monnaie du Costa Rica est le colón (¢) – colones au pluriel – du nom du « découvreur » Christophe Colomb. Malgré tout, les prix sont souvent affichés en US$ dans la plupart des commerces du pays.

Le Costa Rica en bref

Le pays

▌ **Capitale :** San José.

▌ **Superficie :** 51 100 km² (même superficie que la Suisse, le 11ᵉ de la France et 0,03 % de la superficie de la planète).

▌ **Plus haut sommet :** Cerro Chirripó (3 819 m).

▌ **Plus grand cratère de volcan :** volcan Poás (l'un des plus grands du monde, 1 320 m de diamètre).

La population

▌ **Population :** 4,6 millions d'habitants.

▌ **Densité :** 88 hab./km².

▌ **Espérance de vie :** en moyenne, femmes 80,3 ans ; hommes 74,9 ans.

▌ **Répartition :** population urbaine : 64 % ; population rurale : 36 %.

▌ **Population indigène :** 65 000 hab., soit 1,5 % environ de la population totale (22 réserves indigènes).

▌ **Langue officielle :** espagnol.

L'économie

▌ **PIB/hab. :** 6 345 US$ (l'un des plus élevés du continent).

Jeune Tica.

© STÉPHANE SAVIGNARD

Toucan.

Le drapeau du Costa Rica

Il a été établi avec les 3 couleurs de la France : bleu, blanc rouge avec 5 bandes horizontales. « La France dresse ses couleurs verticalement, car elle est au centre de la civilisation. Le Costa Rica les érigera horizontalement car c'est une nation qui commence à recevoir les premiers rayons de sa véritable indépendance et de la civilisation du siècle. » (Castro Madriz, président de la République, 1848).

▶ **Croissance annuelle du PIB :** 3,4 %.

▶ **Inflation :** 5,8 %.

▶ **Chômage :** 7,3 %.

Saisonnalité

Le climat du Costa Rica est tropical avec deux saisons : la saison sèche de décembre à avril, la saison humide (*temporada verde*) de mai à novembre. Si le meilleur moment pour un voyage est la saison sèche – évitez cependant la semaine sainte en mars ou en avril –, il faut savoir que pendant la « saison verte » les prix sont beaucoup plus bas et les touristes un peu moins nombreux (sauf en juillet et en août qui correspondent aux vacances des Européens). Les températures sont très agréables (25/30 °C) tout au long de l'année. Plus élevées sur les côtes et dans les plaines, elles fraîchissent pourtant considérablement en altitude. Il peut même y faire froid… et c'est pour cela que vous trouverez des poêles à bois dans les lodges d'altitude.

Le Costa Rica en 10 mots-clés

Café

Alors qu'il n'est pas originaire du Costa Rica, le café (*el grano de oro*) est la culture miracle du pays. Profitant des terres volcaniques d'altitude et d'une température constante (printanière), mais aux saisons marquées, le café a trouvé dans la Vallée centrale les terres idéales pour produire ce café au goût unique, le meilleur du monde. Miracle, car il est à l'origine du développement économique du Costa Rica et l'a tiré de son sous-développement. Aujourd'hui, bien qu'ayant perdu leur première place au profit du tourisme, les 175 millions de plants sont toujours choyés, et nulle part ailleurs dans le monde le café n'atteint une telle productivité. La fève de *grano de oro* évolue toujours et libère aujourd'hui plus d'arôme pour moins de caféine.

Canopy

Le vrai succès du Costa Rica depuis quelques années ! La canopée (*canopy* en anglais, terme le plus souvent répandu ici) désigne la voûte supérieure de la forêt qu'on ne voit quasiment jamais du sol. Pour l'observer, il faut grimper au moyen de câbles ou de passerelles suspendues. Une nouvelle dimension est ainsi apportée au spectacle, sans comparaison avec celui que procuraient les jumelles auparavant. Mousses, champignons, plantes épiphytes, orchidées, reptiles, oiseaux, grenouilles, insectes autant d'espèces jusqu'alors entr'aperçues mais inconnues, peuvent être observées.

Déforestation (*deforestación*)

L'une des principales inquiétudes du Costa Rica et pour cause ! On estime que la forêt tropicale couvrait la totalité du territoire au moment de la découverte. En 1953, elle avait reculé de 50 % et n'occupait plus que 30 % dans les années 1980. La responsabilité incombe à l'élevage extensif, à l'exploitation forestière et aux plantations agricoles. Pour parer à ce désastre, on a créé à partir des années 1960 des zones de protection (parcs, réserves et refuges) qui sont aujourd'hui la base de la première source de revenus du pays. Peu à peu, les zones de reforestation s'étendent grâce à des subventions promises aux propriétaires de terrains reboisés…, mais ce ne sont que des reboisements, bien loin de la richesse biologique des forêts primaires ou même secondaires.

Maje !

Typiquement tico, ce mot signifiant à l'origine « crétin » puis « mec » (à prononcer entre « ma », « maille » et « mare ») est presque devenu une interjection, souvent doublée – peut-être pour bien enfoncer le clou – qui commence et termine les phrases. On pourrait le traduire par « Hé ! ». C'est également ainsi que se reconnaissent les Ticos à l'étranger.

Marimba

Le son du *marimba* anime de nombreuses soirées du pays. Composé de lamelles de bois local, cette espèce de xylophone existe sous des formes diverses dans la plupart des pays d'Amérique latine. Au Costa Rica, la ville de Santa Cruz dans le Guanacaste est la capitale du *marimba* où l'on trouve le plus de *marimbistas* (joueurs) et de *marimberos* (fabricants).

Neutralité

On en rêve tous un peu… Le Costa Rica l'a fait en poussant la logique jusqu'au bout puisque ce petit pays coincé entre des voisins fort agités n'a pas d'armée, tout juste une police. Oscar Arias Sánchez, ancien président du pays et prix Nobel de la paix en 1987, déclarait en mai 1990 : « Certains pensent que nous sommes vulnérables parce que nous n'avons pas d'armée. C'est exactement le contraire. C'est parce que nous n'avons pas d'armée que nous sommes forts. »

Playas (plages)

De vraies cartes postales, mais les vagues, bonheur des surfeurs, sont presque toujours contraires à la baignade. De nombreuses plages sont dangereuses et peu recommandées à cause des courants forts qui longent les côtes dans un sens ou dans l'autre. Le mieux est d'interroger quelqu'un du coin, si aucun baigneur n'est là pour vous renseigner. Sur le sable, noir ou blanc, on se découvre peu. En tout cas, pas de seins nus, à moins que la plage ne soit totalement déserte. On dénombre deux cents noyades par an au Costa Rica. Même si les personnes concernées sont souvent des « Ticos imbibés » rentrant d'une tournée bien arrosée, la plupart de ces accidents sont provoqués par les contre-courants qui poussent les baigneurs vers le large. Pour les éviter, essayez de nager parallèlement à la plage, selon un angle de 45°, ou sur le côté ce qui diminue la prise du courant sur votre corps.

© STÉPHANE SAVIGNARD

Plage de la côte caraïbe.

Parcours de canopy au-dessus du río Colorado au parc national Rincón de la Vieja.

Si, par mégarde, vous étiez pris dans un contre-courant, surtout pas de panique. Laissez-vous porter jusqu'à ce que le courant vous semble dissipé, puis revenez vers la plage en prenant les précautions nécessaires. Mais c'est plus facile à dire qu'à faire…

¡ Pura vida !

Si un publiciste avait cherché un slogan pour le Costa Rica, il n'aurait pas mieux trouvé que cette expression ! Signifiant littéralement « pure vie », elle paraît tellement actuelle qu'on a du mal à imaginer qu'elle vient des années de vache maigre. Dans les années 1930, quand la viande était rare et chère, on trompait l'appétit en ajoutant de temps en temps un os à la soupe. Par dérision, *puro hueso* (pur os) désignait alors les bonnes choses. Quand la viande est revenue dans les assiettes, c'est devenu *pura carne* (pure viande) qui se disait encore dans les années 1970. Petit à petit, *pura vida* a remplacé *pura carne* qui devenait un peu trop « boucher » pour l'époque. Aujourd'hui, à la question ¿ *Que tal ?* (Comment ça va ?), on répond par ¡ *pura vida !* (parfaitement bien !) qui démontre surtout la bonne humeur. S'emploie aussi pour dire « bonne chance ».

Quetzal

Considéré comme l'un des plus beaux oiseaux tropicaux du monde, le quetzal est l'emblème de la civilisation maya. Il a donné figure au dieu Quetzalcóatl, que l'on peut voir sur de nombreuses sculptures précolombiennes, du Mexique au Panamá, associé au culte du serpent à plumes. L'empereur Montezuma revêtait, en cérémonie, un manteau réalisé avec plusieurs milliers de plumes de quetzals. Cet oiseau vit dans les hautes forêts tropicales humides mais on peut tout de même l'observer. Le quetzal resplendissant possède un ramage à la hauteur de son plumage émeraude. Son chant rivalise très bien avec celui du rossignol.

Tico, tica

Le terme viendrait de l'habitude qu'ont les Costaricains d'user et d'abuser de diminutifs. Si les autres hispanisants ajoutent -ito ou -illo, eux collent -ico à tous les mots. Mais ils ne se contentent pas de cette précision puisqu'ils doublent très souvent le -tico : *hermaniti-tico* est « mon petit frère » et *chiquititico* est tout simplement « minuscule ». De là, l'usage du terme tico, qui remplace « costaricain » dans toutes les occasions et est certainement plus facile à dire que *costarricense*.

Survol du Costa Rica

Géographie

Le Costa Rica, petit pays de l'isthme d'Amérique centrale, est délimité au nord par le Nicaragua, au sud par le Panamá, à l'ouest par le Pacifique (1 200 km de côte) et à l'est par la mer des Caraïbes (215 km de côte). Situé entre deux continents et entre deux océans, il bénéficie d'une situation unique. Sur 51 060 km² de superficie, soit un peu moins d'un dixième de la France, le relief du Costa Rica est traversé du nord-ouest au sud-est par quatre chaînes montagneuses atteignant au plus haut point 3 800 m d'altitude – au nord-ouest, les cordillères du Guanacaste et de Tilarán, la cordillère centrale à l'est de San José et la cordillère de Talamanca au sud du pays. Deux chaînes plus basses soulignent les précédentes : la chaîne Costañera longe la côte Pacifique Sud et la chaîne Bustamante se situe au sud de la région appelée Los Santos. On compte également une zone montagneuse au centre de la péninsule de Nicoya. Au centre de ces montagnes, à 1 000 m et plus d'altitude, la Vallée centrale (*Valle Central*) – 3 000 km² de terres fertiles enrichies par un climat tropical tempéré – héberge la moitié de la population du pays et une grande partie des cultures, dont les plus importantes sont celles du café qui donne les meilleurs arabicas à 1 200 m d'altitude, la canne à sucre, la noix de macadamia et des plantes ornementales, principaux produits d'exportation. Les montagnes qui protègent ces plantations sont pour la plupart d'origine volcanique et au moins cinq d'entre elles sont encore en activité (l'Irazú, le Poás, le Rincón de la Vieja, le Miravalles et l'Arenal).

© ICT (INSTITUT COSTARICIEN DE TOURISME)

Fleuve Tortuguero vu du ciel.

Le plus haut sommet, le Chirripó, au sud du pays dans la cordillère de Talamanca, à seulement 50 km de la côte pacifique, ne gronde jamais, mais en impose avec ses 3 819 m d'altitude.

Au pied des montagnes, les plus grandes plaines sont principalement la plaine sèche du Guanacaste au nord-ouest du pays, les plaines marécageuses du nord (llanuras) et la plaine caraïbe dont la partie septentrionale est sillonnée de canaux artificiels et de rivières naturelles (Tortuguero).

Baigné par deux océans (aucun point du pays n'est à plus de 120 km d'une côte), plus de 65 % des frontières du Costa Rica sont côtières, et quelles côtes ! Tous les rêves d'îles idylliques sont ici réunis, de l'ambiance caraïbe à la douceur du Pacifique, des plages rocheuses aux cocotiers inclinés vers les vagues. Nombre de ces plages sont encore désertes, connues seulement de quelques surfeurs guidés par la passion. Les plus fréquentées sont celles du Pacifique nord qui bénéficient d'un climat plus sec et du Pacifique centre (Quepos).

Climat

Situé entre les 8e et 13e degrés de latitude nord, le Costa Rica jouit d'un climat tropical où quatre zones climatiques sont à distinguer.

→ **Les basses terres humides** sont celles de la côte caraïbe et du sud de la côte pacifique. Elles se caractérisent par une quasi-absence de saison sèche. Les pluies, peu abondantes sur les plages, s'intensifient dès que l'on pénètre dans les terres, jusqu'à dépasser 5 000 à 6 000 mm par an (près de dix fois la pluviométrie de Paris). Les températures sont assez constantes (autour de 25 à 27 °C), mais sont ressenties comme beaucoup plus élevées en raison du taux d'humidité dans l'air proche de 95 %. La côte caraïbe connaît de temps en temps un grain plus fort qui entraîne des inondations – d'où de nombreuses maisons sur pilotis –, mais elle n'est pratiquement pas menacée par les cyclones – seulement les effets de quelques queues de cyclones – qui balayent d'autres pays pourtant proches.

→ **Les basses terres, avec saison sèche,** comprennent le Guanacaste et une partie de la province de Puntarenas. Elles se distinguent par des températures plus chaudes (30 à 35 °C) et une saison sèche très marquée. La saison des pluies commence en mai, traditionnellement à la San Isidro (15 mai), pour se terminer en novembre comme dans la Vallée centrale où le climat est plus tempéré (20 à 25 °C). Fin juin, après la Saint-Jean (24 juin), *el veranillo* (petit été) est une courte période d'une quinzaine de jours pendant

Les arbres de la forêt primaire du parc national Rincón de la Vieja sont de taille impressionnante.

Quelle différence ?

→ **Parcs nationaux.** Ces zones protègent les ressources naturelles, la plupart du temps des forêts primaires, c'est-à-dire jamais touchées par l'homme. Le Costa Rica a créé 34 parcs et réserves. On peut y suivre des sentiers, guidés ou non, et participer à des activités de découverte ou d'entretien.

→ **Réserves biologiques.** Ce sont des forêts ou des terrains forestiers où est préservée toute forme de vie forestière. Seuls les étudiants et les chercheurs peuvent en profiter.

→ **Refuges nationaux de vie sylvestre.** À l'instar des précédentes, ces zones délimitées protègent la faune et la flore des forêts et plus particulièrement des espèces menacées. Les terres et les portions de mer comprises dans ces refuges peuvent être habitées et cultivées mais avec certaines restrictions. Il existe également des refuges privés.

→ **Réserves forestières.** Elles ont été développées sur les terres qui ne sont bonnes qu'à être des forêts. La forêt peut y être exploitée, mais seulement si on prend la peine d'en assurer le futur, c'est pourquoi on y trouve également de grandes plantations fo-restières, notamment de tecks qui se sont très bien adaptés au Costa Rica. Pour les marécages qui sont l'habitat de nombreuses espèces végétales et animales, ces terres inondées ou partiellement recouvertes d'eau sont autorisées à avoir ou à garder certai-nes activités humaines à condition qu'elles n'aient aucun impact sur l'environnement.

laquelle les pluies diminuent et le temps redevient presque estival. Le *veranillo* qui s'annonce souvent par un orage très violent (*temporal*) est certainement le meilleur moment pour visiter le Costa Rica qui reçoit moins de touristes en cette basse saison. Entre 1 000 et 1 500 m d'altitude, les températures sont un peu plus fraîches et constantes ; la saison sèche est encore marquée. Le climat montagneux se rencontre, bien sûr, au-dessus de 1 500 m, et plus on grimpe plus les températures baissent. On peut même ressentir cruellement le froid par temps humide et le choc est rude si on est arrivé le matin même de la côte…

Écologie et environnement

« L'État devra garantir le droit au plus grand bien-être à tous les habitants du pays, en organisant et en stimu-lant la production et une meilleure répartition des richesses. Pour cela, il semble légitime de dénoncer les actes qui vont à l'encontre de ce droit et de réclamer réparation. L'État devra garantir, défendre et préserver ce droit. La loi déterminera les responsabilités et les sanctions correspondantes. » (Article 50 de la Constitution politique du Costa Rica). Par cet article, ajouté à la Constitution le 14 septembre 2002, l'un des premiers actes de l'ancien président de la République élu au mois de mai de la même année, le gouverne-ment de « don » Abel Pacheco insiste, au moment où l'on s'apprête à célébrer la fête nationale, sur le droit dont dis-pose chacun à bénéficier du meilleur environnement possible, c'est-à-dire sain et écologiquement équilibré où les richesses naturelles doivent être mieux réparties.

Observer les tortues

Elles sont en voie d'extinction et chaque arribada (arrivée massive de tortues prêtes à pondre) voit leur nombre diminuer sur les plages du Costa Rica. Le massacre des femelles, côté atlantique (dans les autres pays d'Amérique centrale et des Caraïbes), et le pillage des œufs sur la côte pacifique sont les principales causes de ce phénomène. Ajoutons à cela les quinze mille tortues qui disparaissent dans les filets et l'on comprendra aisément la volonté farouche du gouvernement de protéger cette espèce. On peut, et c'est un vrai bonheur, approcher les tortues, mais à condition de respecter quelques règles essentielles. Si ces règles ne sont pas observées, les tortues risquent de choisir une plage plus propice à la ponte et de ne jamais revenir, alors qu'elles ont élu ce lieu depuis des centaines d'années, voire des millénaires. En cas d'infraction, vous risquez une amende ou une éviction du parc.

➜ **Pas de photographie au flash, ni de bruit.** Seul le guide peut utiliser une lampe rouge de faible intensité pour ne pas alerter les tortues.

➜ **Porter des vêtements et des chaussures de couleur sombre.** Les groupes ne doivent pas dépasser dix personnes.

➜ **Ne rien jeter sur la plage.** Les tortues confondent les sacs en plastique qui flottent avec les méduses qui sont leur principale nourriture.

➜ **Ne pas acheter d'œufs,** les seuls vendus légalement le sont par l'Association pour le développement d'Ostional (Guanacaste).

➜ **Les tortues pondent** à marée presque haute, généralement le soir.

➜ **L'activité des tortues** serait plus intense pendant le dernier quartier de la lune. Les nouveau-nés rejoignent la mer.

➜ **Marcher sur le sable humide de la plage :** les nids étant au sec, on ne risque pas d'écraser les petits.

➜ **Une seule trace :** la tortue est en train de pondre. En quittant le nid, elle laisse une deuxième trace (forme de V).

➜ **Si la tortue vient juste de sortir de l'eau,** la laisser remonter la plage, choisir un emplacement et creuser un nid. L'opération peut prendre une heure.

➜ **Ne pas marcher devant la tortue.** En groupe, envoyer un éclaireur l'observer.

➜ **Ne pas faire tomber de sable dans le nid.** Ce sable plus sec gêne les échanges d'oxygène nécessaires au développement de l'embryon. On peut éclairer le nid mais jamais la tortue qui y perdrait son orientation. On risque aussi d'effrayer les autres tortues qui sortent de l'eau.

➜ **Quand la tortue commence à recouvrir son nid,** pour le cacher aux yeux des prédateurs, s'éloigner pour lui laisser suffisamment de place. Il peut arriver qu'elle creuse à côté du nid, cela fait partie du processus.

➜ **Observer à distance** la tortue redescendre vers la mer, ce n'est pas la peine d'essayer d'en voir d'autres.

Tortue dans le parc national de Tortuguero.

Qu'elles soient à l'origine de bénéfices commerciaux ou tout simplement vitales comme l'eau et l'air. Après les garanties sociales signées par Calderón en 1943, ce sont les garanties ambiantales qui deviennent l'une des priorités du pays. Le Costa Rica qui sait jouir de richesses incomparables pourrait devenir l'école écologique du monde, du moins l'exemple à suivre en matière d'écotourisme. Dans la lignée de cet élan politique et social, les associations écologistes et les entreprises touristiques se rencontrent de temps en temps pour redéfinir l'écotourisme, un terme depuis longtemps employé au Costa Rica.

Biodiversité

Le Costa Rica est certainement le pays d'Amérique latine dont la faune et la flore sont les plus riches et variées, la forêt tropicale humide représentant 34 % du territoire. Les espèces végétales et animales représenteraient près de 6 % des espèces connues sur terre alors que le territoire n'occupe que 0,03 % de la planète ! Autre intérêt du Costa Rica, sa concentration en espèces. Quand le Brésil compte 6 espèces d'arbres différentes par km², la Colombie en dénombre 35 et le Costa Rica 295 ! Et en ce qui concerne les animaux, on estime qu'il y a encore 2 % de vertébrés inconnus, et 40 % de poissons ! Les nombreux parcs nationaux et réserves privées protègent pratiquement 30 % du territoire. Ils constituent l'un des principaux attraits du pays.
On trouve dans le pays une grande variété de forêts : montagneuses humides, tropicales sèches et tropicales humides. Ces forêts abritent quantité d'espèces végétales (fougères arborescentes,

fromagers, héliconias, broméliacées épiphytes dont près de 1 200 variétés d'orchidées sur 1 400 recensées dans le monde). En premier lieu, les oiseaux : on dénombre plus de 850 espèces dans le pays, qui est un des tout premiers lieux d'observation ornithologique au monde. Citons, entre autres oiseaux qu'on peut apercevoir de sa voiture ou de son hamac : le toucan, le colibri (50 espèces), le trogon, le motmot, la perruche ou le perroquet, le héron, le pic-vert (*carpintero*), le milan à queue fourchue, le tyran, le pélican, la frégate, le martin-pêcheur, le zopilote (grand vautour), le jabiru (rare), la spatule rose et les aras très menacés. Le plus célèbre de tous, le plus bel oiseau tropical, est sans doute le mythique quetzal, au plumage brillant, vert émeraude et rouge, et à la petite tête ébouriffée comme une peluche. On trouve également au Costa Rica la faune tropicale habituelle : de nombreux reptiles (tortues, iguanes, caïmans, crocodiles, boas), des papillons, des amphibiens, des félins (jaguars, pumas, ocelot, margay…), des singes, etc.
C'est la grande richesse du Costa Rica. La forêt qui couvrait un jour 99 % du territoire n'en recouvre plus aujourd'hui que 34 % (80 % en 1950 !). Même s'il faut des espaces pour les activités humaines, surtout pour l'agriculture, que d'habitats perdus, que d'espèces disparues pour toujours ! Le sol des régions situées sous les tropiques est soumis depuis des millénaires à une forte érosion et la mince couche de terre est par conséquent très pauvre. Dans ces zones, les écosystèmes sont de plus fragilisés par un ensoleillement et une chaleur qui entraînent une forte évaporation. Pour survivre, les forêts tropicales se sont adaptées en « recyclant » les éléments nutritifs.

Singes capucins que vous pourrez notamment observer dans les parcs de la costière du Pacifique central.

On compte plusieurs types de forêts (distinction par les âges) au Costa Rica : la forêt primaire issue de l'origine des temps, encore présente, mais en grand danger, car elle offre des essences de bois extrêmement rares et donc précieuses. Elle est d'une richesse incroyable, car les espèces s'y sont adaptées et ont évolué depuis l'origine de la forêt dans l'isthme américain. On distingue ensuite la forêt secondaire qui prend accidentellement la place de la précédente, mais sans sa richesse, car la nature ne parvient pas, en quelques centaines d'années, à atteindre la richesse biologique résultant d'évolutions successives au cours des millénaires. Par la reforestation, l'homme cherche à reproduire la diversité de la nature, sans toutefois y parvenir, surtout quand il introduit des espèces voisines. Mais il essaie et son effort est louable, comme c'est le cas à Las Cruces dans les ex-jardins de Wilson. Il y a aussi le reboisement, où l'homme plante des sélections d'arbres sur d'anciens pâturages – comme dans le Guanacaste – ou sur des friches. Mais peut-on encore parler de forêt ? Entre forêt primaire et reboisement, il y a vraiment un monde.

L'autre distinction de la forêt est due aux climats, aux habitats. Parmi ces forêts, il convient de distinguer la forêt tropicale humide ou pluvieuse (*rainforest, bosque lluvioso*), la plus riche, mais la plus menacée par la déforestation, la forêt nuageuse (*cloudforest, bosque nuboso*), la forêt tropicale sèche (*dry forest, bosque seco*), la savane et enfin la mangrove (*manglar*).

La forêt tropicale

→ **La forêt pluvieuse (*el bosque lluvioso*),** appelée aussi forêt humide. Une grande partie de cette forêt est celle des origines, la forêt primaire, celle que tous les continents connaissaient il y a quelques millions d'années. Cette forêt, étant peu soumises à des variations climatiques et au sol toujours détrempé par la condensation, abrite tant d'espèces végétales et animales qu'elle est très précieuse. Elle est composée d'arbres élevés formant une canopée dense à une quarantaine de mètres de hauteur d'où émergent de temps en temps des arbres plus élevés comme le roble ou le ceiba (le fromager). On en distingue deux au Costa Rica *el bosque lluvioso del Caribe* (l'est de Talamanca,

Forêt tropicale luxuriante.
© STÉPHANE SAVIGNARD

Manzanillo) et *el bosque lluvioso del Pacífico* (Corcovado). Comme la lumière pénètre difficilement les branches, le sous-bois est quasiment inexistant et il faut s'aventurer dans la canopée pour découvrir des merveilles insoupçonnables, d'où l'intérêt des *canopy tours* et autres *sky walking* qui se sont développés au Costa Rica. De très nombreuses espèces animales y habitent, comme les oiseaux, les reptiles, les amphibiens, et surtout les mammifères dont les grands félins.

➜ **La forêt nuageuse (*el bosque nuboso*)**, appelée aussi « forêt des brouillards ». C'est la forêt d'altitude tropicale qui rencontre la couche de nuages. Les arbres de taille moyenne baignent dans un brouillard et une humidité permanente qui favorise l'apparition de mousses omniprésentes : impossible ici de repérer le nord, la couche de nuages est partout ! La forêt nuageuse est belle et inquiétante comme le serait Brocéliande dans notre imagination, mais elle est surtout unique. On la trouve un peu partout comme à Monteverde, au Cerro de la Muerte, au Chirripó… C'est le royaume des amphibiens, du magnifique quetzal et des orchidées.

➜ **La forêt tropicale sèche (*el bosque seco*)**. Cette forêt tropicale qui reçoit beaucoup moins d'eau que les précédentes – tout de même 2 000 mm par an – est influencée par l'océan Pacifique ; elle s'étend du Mexique à la péninsule de Nicoya. Avec des saisons alternées humides et sèches, elle est très différente des forêts humides, mais n'en présente pas moins de variétés. Pas de grands ceiba qui trouent la canopée à la recherche de la lumière, mais de grands guanacaste en forme de parasol pour se protéger du soleil.

La mangrove

Cette forme particulière de végétation se développe le long des côtes, là où l'eau de mer chaude stagne en terrain plat et se marie avec l'eau douce tout aussi chaude. Elle est constituée de bosquets compacts d'arbres, les mangliers, qui se distinguent par leurs racines aériennes qui ressemblent à des pattes d'insecte. Ce système permet aux racines d'absorber l'oxygène de l'air avant de s'enfoncer dans la vase.

La mangrove est très importante pour la protection du littoral, et sa destruction, souvent pour des raisons d'économie rapide, entraîne de graves conséquences écologiques. Elle est l'habitat de quantité d'espèces animales surtout les oiseaux, les reptiles et les amphibiens.

Espèces animales menacées

➜ **Parmi les reptiles,** les tortues (verte, carey, baula, etc.), le crocodile et le boa constrictor (bécquer).

➜ **Parmi les mammifères,** les singes titi, la danta (tapir), le puma, le jaguar ou l'ocelot.

➜ **Parmi les amphibiens,** on est presque certain que la grenouille vénéneuse (sapo venenoso) et le crapaud doré (sapo dorado) ont déjà disparu.

➜ **De nombreux oiseaux sont menacés,** dont les lapas verde et roja (aras), l'aigle harpie, le faucon pechirufo ou le guachipelín, le quetzal (en situation délicate).

➜ **La tarentule,** arachnide effrayant, est devenue rare.

Histoire

Les premiers peuplements

Le continent américain a été peuplé par des nomades venant d'Asie qui ont traversé l'actuel détroit de Béring il y a environ 40 000 ans av. J.C., les deux continents étant alors reliés physiquement. Ces toutes premières populations de chasseurs ont très lentement entamé une « migration vers le sud » du continent atteignant l'actuel Costa Rica il y a 12 000 ans. C'est l'époque du Paléolithique. Bien que la région ait toujours été une zone de passage, certains se sont sédentarisés et les chasseurs-cueilleurs sont devenus des agriculteurs vers 4000 av. J.-C. (néolithique). Mais au cours de son lent processus de sédentarisation, cette région méso-américaine ne put jamais développer des structures sociales et politiques importantes contrairement à celles des régions plus au nord (l'actuel Mexique-Guatemala, civilisation maya), et plus au sud (pays andins, civilisation inca). Les tribus restèrent trop isolées et ne purent, ou ne surent, jamais s'unir.

L'époque précolombienne

À l'approche de 1500, juste avant les premiers contacts avec les Espagnols, on estime qu'il y avait environ 25 tribus disséminées dans tout le pays avec très peu, voire aucun contacts, entre elles et représentant environ 100 000 personnes. Le territoire était en fait une terre de passage entre l'Amérique du Nord et du Sud, si bien qu'elle n'avait pas donné naissance à une civilisation propre et puissante, partagé entre les influences mayas du Nord et incas du Sud sans en tirer véritablement un quelconque

© ICT (INSTITUT COSTARICIEN DE TOURISME)

Pétroglyphes au monument national Guayabo.

bénéfice. Cette situation préfigurait un peu ce qu'allait être cette terre pendant les siècles suivants, intéressant peu sa métropole ibérique.

La découverte

Le 18 septembre 1502, Christophe Colomb, lors de son quatrième et dernier voyage, est contraint par une violente tempête à chercher refuge sur la côte, sur l'île aujourd'hui connue sous le nom de Isla Uvita. Il pose alors pied en un endroit nommé « Cariarí », probablement sur Isla Uvita au large de l'actuel Puerto Limón. Eblouis par l'or que portent les guerriers et leurs chefs, les caciques, et sensibles au bon accueil qu'on leur réserve, les Espagnols s'imaginent avoir atteint une terre fabuleuse et facile à conquérir. Ils baptisent « Costa Rica » (côte riche) cette terre aux richesses si convoitées. Quatre ans plus tard, en 1506, Diego de Nicuesa, installé au Panamá, est envoyé par le roi Ferdinand V d'Espagne pour coloniser le territoire, déjà incorporé à la Castilla del Oro et parcouru par Bartolomé Colomb, frère de Christophe. Le pays n'est exploré qu'en 1522 par Juan de Castañeda et Hernán Ponce de León. Enfin, en 1540, le territoire passe sous juridiction espagnole, dirigé depuis le Guatemala.

Fresque murale figurant le volcan Turrialba.

Les colonies

Le pays est alors occupé par environ 350 000 indigènes hostiles aux Espagnols. Ils seront pour la plupart anéantis par les maladies, la faim et les guerres. Cependant, les Espagnols sont déçus : l'or n'est guère abondant. À la mort de Juan de Cavallón, Juan Vásquez de Coronado est nommé gouverneur de la région. Il fonde Cartago en 1562, première capitale des nou-

velles terres. Son gouvernement servit de modèle en Amérique centrale. La colonisation espagnole ne se développe guère au cours des XVIIe et XVIIIe siècles. Une main-d'œuvre devenue rare (l'asservissement des Indiens ou *encomienda* n'ayant pas bien pris) et l'indifférence de la métropole envers cette colonie aggravent la situation. L'accès terrestre étant très difficile, les intrusions étrangères sont limitées, ce qui fait du Costa Rica un pays déjà presque indépendant.

L'indépendance

Le Costa Rica était placé sous la juridiction de la capitainerie générale du Guatemala qui englobait sous sa tutelle toute la région centrale du Nouveau Monde, des Chiapas au Mexique jusqu'au Panamá (Audiences).

Le 13 octobre 1821, Cartago apprend par courrier que les autres régions de l'isthme centraméricain ont déclaré leur indépendance à l'égard de la couronne d'Espagne le 15 septembre précédent. Les Costaricains en profitent pour rédiger une Constitution (le pacte de la Concorde ou *Acta de los Nublados*) ratifiée le 1er décembre de la même année. Après quelques échauffourées entre partisans de l'indépendance totale et ceux du rattachement au Guatemala (les libérales San José et Alajuela sont face aux conservatrices Heredia et Cartago), le Costa Rica fait partie des Provinces unies centraméricaines jusqu'en 1838, date à laquelle la nouvelle République se déclare indépendante des autres à l'initiative du président Braulio Carrillo). L'esclavage a été aboli en 1824. Le premier président de cette jeune République, officiellement proclamée en 1848, Mora Fernández, lance dès sa nomination un programme de développement pour le Costa Rica, prévoyant notamment la construction de routes et d'écoles. Sa politique audacieuse (cession de lopins de terre à quiconque promettait d'y cultiver du café) est à l'origine du plus important commerce du pays.

Menaces sur la République

Au milieu du XIXe siècle, William Walker commence sa nouvelle carrière de mercenaire et de semeur de troubles avec une « idée impériale » en tête : annexer l'isthme aux Etats-Unis. En 1850, il monte une expédition financée par une organisation esclavagiste. Il mène ses hommes dans la péninsule de Baja California et au Mexique où il s'autoproclame président-colonel de Sonora et de Baja California, malgré l'Acte de neutralité de 1818. Arrêté aux Etats-Unis, il est acquitté et repart aussitôt vers le Nicaragua, d'où il veut conquérir l'Amérique centrale et en faire son réservoir d'esclaves. En 1855, Walker débarque donc au Nicaragua, à la tête d'une soixantaine d'hommes. Toute l'Amérique centrale se ligue alors et déclare la guerre à Walker en février 1856. Walker se réfugie à Rivas (Nicaragua) dans une maison de bois qui sera incendiée par le jeune tambour volontaire Juan Santamaría (qui deviendra le héros national). En 1870, le général Tomás Guardia fait un coup d'Etat militaire et reste au pouvoir jusqu'en 1882. Durant ces années, il impose un gouvernement stable qui permet le développement d'avancées sociales.

Les bananes

En 1899, le Costa Rica est le 1er producteur de bananes du monde. C'est le moment que choisit Minor C. Keith pour fonder l'United Fruit Company : monopolisant ainsi la production et la commercialisation de la banane, le pays passe alors sous dépendance économique des Etats-Unis. L'United Fruit Company devait être ensuite de première importance dans le développement socio-économique (et politique) de plusieurs pays d'Amérique centrale et source de très vives controverses. De nombreuses manifestations d'ouvriers inscrits au parti communiste contre les conditions de travail se terminent dans le sang. Ce n'est qu'en 1934, après de violents conflits, que les choses s'arrangent : de meilleures conditions de travail sont garanties aux ouvriers de cette multinationale dont les bénéfices n'ont profité qu'à des étrangers.

Les bananes du Costa Rica sont exportées dans le monde entier.

Le libéralisme, la démocratie et la guerre civile

Dès 1880, les classes politiques costaricaines cherchent à s'émanciper du conservatisme clérical régnant depuis toujours. En 1889, les premières élections démocratiques à participation populaire sont organisées (les premières en Amérique centrale) par les libéraux, qui ne sont pas élus ! Par la suite, un seul Président, ainsi élu, trahira la confiance populaire : en 1917, le président Joaquín Tinoco, qui avait institué aussitôt après les élections un régime dictatorial, fut chassé du pays. En 1940, Rafael Angel Calderón Guardia est élu président de la République. On lui doit le système d'aide sociale, le droit des travailleurs à se regrouper, une réforme agraire et un revenu minimum garanti, ainsi que la création de l'université du Costa Rica. Teodoro Picado – marionnette de Calderón – élu en 1944, est battu aux élections de 1948, mais il refuse de laisser sa place à Otilio Ulate, son challenger. Après de vaseuses controverses au sujet des élections, un opposant notoire de Calderón, exilé au Mexique, saisit l'occasion pour renverser le gouvernement devenu illégitime. Pepe Figueres, producteur de café, préparait depuis longtemps cette offensive. Picado déclare l'état de siège et appelle à la rescousse des soldats nicaraguayens et des ouvriers bananiers communistes. Il faudra quarante jours d'affrontements et deux mille morts pour que Picado cède le pouvoir à José Figueres.

Les temps modernes

Don Pepe (José Figueres), qui ne gouvernera que dix-huit mois, met au point une nouvelle constitution (l'actuelle) qui interdit toute réélection immédiate à la présidence. Il déclare illégaux le parti communiste (toujours officiellement interdit) et les syndicats de travailleurs qui le suivent, abolit l'armée, accorde le droit de vote aux femmes et aux Noirs.

Don Pepe crée un comité de « défense des élections démocratiques » et nationalise les banques (dont 10 % des fonds doivent servir à la reconstruction) et les compagnies d'assurances, tout en conservant les réformes introduites par Calderón, et fonde l'ICE, la compagnie d'électricité. Dix-huit mois après son arrivée au pouvoir, Figueres se retire laissant sa place à Otilio Ulate, dont le terrain était sérieusement préparé. Figueres sera réélu Président en 1954 et en 1970.

Dans les années 1960 et 1970, le gouvernement visait l'autosuffisance agricole puis industrielle, projet encouragé par une croissance économique positive et surtout constante. Mais tout cela coûte cher, la dette extérieure s'alourdit. À la veille de la crise pétrolière des années 1970, le Costa Rica est devenu, de par son industrialisation, dépendant du pétrole et des matières premières achetées grâce aux bananes, au café et au sucre, principales exportations du pays. En 1974, la baisse des prix sur ces trois produits est catastrophique. En 1979, l'effondrement du marché du café a failli être fatal au pays. Dès 1978, le Costa Rica et son président Rodrigo Carazo, qui sera le premier Centraméricain à tenir tête au FMI en refusant de payer la dette du Costa Rica, prennent position dans la guerre civile au Nicaragua en accueillant des bases sandinistes. En 1982, le président Luis Alberto Monge déclare la neutralité totale du Costa Rica tandis que la crise économique atteint son paroxysme. Oscar Arias Sánchez, économiste et avocat élu à la présidence en 1986, respectueux du principe de neutralité, va intensifier l'effort de paix en Amérique centrale. Il commence par interdire les bases établies dans le nord du pays (dont la fameuse piste de Santa Rosa, Guanacaste, révélée lors de l'Irangate). Oscar Arias Sánchez reçut le prix Nobel de la paix en 1987 pour avoir engagé et imposé ce processus de paix en Amérique centrale.

Oscar Arias aura pour priorités, réaffirmées, l'éducation, l'amélioration des infrastructures, notamment routières, et la ratification parlementaire de l'accord de libre-échange avec les Etats-Unis, le CAFTA (Central American Free Trade Agreement). Cet accord s'étend à cinq pays d'Amérique centrale (Costa Rica, Salvador, Guatemala, Honduras et Nicaragua) et à la République dominicaine. À l'heure actuelle, il est encore difficile d'évaluer les bienfaits et/ou les dégâts d'une telle ratification. En février 2010, Laura Chinchilla, une politologue de 50 ans, succède à Arias, son mentor. Fait historique, puisqu'elle est la première femme à assumer des fonctions présidentielles au Costa Rica. Elle a plusieurs priorités : la lutte contre l'insécurité, la protection de l'environnement, la création de nouveaux emplois, notamment dans la construction, et l'extension de la couverture médicale aux populations les plus démunies. Cependant contrairement à son prédécesseur, elle est contre le mariage homosexuel, la légalisation de l'avortement et totalement opposée à la transformation du Costa Rica en Etat laïc. Elle est également confrontée aux tensions entre agriculteurs et pionniers du tourisme durable car le développement des infrastructures touristiques grignote peu à peu les terres et son impact sur l'environnement n'est pas toujours bénéfique, malgré l'engagement écologiste des pouvoirs publics.

Population et mode de vie

Marché de Cartago.

Démographie

La population du Costa Rica (4,6 millions d'habitants), bien que souvent d'origine européenne, est largement métissée, les vagues de migrants ayant chacune apporté leur couleur, du blond cendré au brun. La Vallée centrale, où vit plus de 50 % de la population, est la plus « européenne », avec 95 % de la population originaire du vieux continent. Les Ticos y sont espagnols, anglais, allemands, suisses, polonais…

La côte atlantique se différencie par sa population d'origine jamaïcaine. Arrivés au XIXᵉ siècle lors de la construction du chemin de fer, les Jamaïcains ont longtemps conservé de leur île toute proche leur culture et leur langue, l'anglais, encore majoritaire sur la côte. Les Jamaïcains, longtemps ignorés par le pays, ne sont considérés comme des citoyens libres que depuis une cinquantaine d'années.

De nos jours, le pays revendique ses origines multiculturelles et les célèbre au travers de deux fêtes aux noms un peu étonnants : le 19 avril est la fête des Aborigènes et le 31 août celle des Noirs. Les différents apports culturels se reconnaissent dans les noms de lieux, l'artisanat et la gastronomie.

Mode de vie

L'effort d'éducation mené depuis plus d'un siècle (1869) fait du Costa Rica l'un des pays les plus alphabétisés d'Amérique latine.

Sur les façades des écoles, on peut lire « Ici nous apprenons pour être meilleurs ». Depuis les années 1970, les dépenses consacrées à l'éducation s'élèvent à 28 % du budget national, ce qui est permis par l'absence d'armée. L'école élémentaire publique est obligatoire et gratuite et 70 % des écoles secondaires sont publiques, les autres étant accréditées auprès du ministère de l'Education. L'université a été fondée en 1940, bien qu'un enseignement supérieur fût dispensé depuis le siècle dernier (1843), et a été suivi par la création d'autres universités, publiques ou privées. Nombre d'étudiants, notamment en médecine, poursuivent leur cursus aux Etats-Unis. Les écoliers portent tous un uniforme, par un souci d'égalité apparu dans les années 1960.

Les femmes tiennent une grande place dans la société costaricaine. Elles sont près de 40 % à travailler, mais comme ailleurs, leur salaire est nettement inférieur à celui des hommes et elles sont plus touchées par le chômage ou la précarité. Qu'à cela ne tienne, quand la situation devient difficile, que le mari perd son emploi ou ne gagne plus suffisamment, les femmes prennent l'initiative de la reconversion : la plupart des coopératives rurales sont organisées et gérées par des femmes. Si le contrôle des naissances et le divorce sont depuis longtemps acceptés par l'église costaricaine encore puissante, l'avortement est encore illégal sauf en cas de danger pour la mère.

Religion

La Constitution costaricaine proclame la liberté absolue de culte. 85 % des Costaricains pratiquent le catholicisme, religion d'Etat ; 14 % sont protestants ou anglicans. Un peu moins de 30 000 personnes sont adeptes de religions extrême-orientales et la communauté juive, regroupée à San José, est assez importante. Les églises baptistes ou adventistes sont plus nombreuses sur la côte atlantique. Quelques centres de Témoins de Jéhovah se sont installés dans les campagnes.

© STÉPHANE SAVIGNARD

Basilique de Nuestra Señora de los Angeles à Cartago.

Arts et culture

Artisanat

L'influence précolombienne est manifeste dans la joaillerie. Effectivement, la joaillerie contemporaine puise largement dans la période précolombienne ses sources d'inspiration, voire ses techniques de réalisation. Les artisans joailliers fabriquent de très beaux bijoux, de très belles figurines en or et en argent, inspirées des chamans et des dieux. En réponse aux besoins des touristes, l'artisanat du bois, surtout du bois précieux, se développe beaucoup. En réalité d'origine pas forcément costaricaine mais plutôt centro-américaine, voire colombienne, cet artisanat permet à de jeunes talents, au-delà du commercial, de s'exprimer. À ce sujet, il est louable de signaler l'aide qu'apporte Chip Braman, le propriétaire du lodge Mono Azul à Manuel Antonio, aux artistes locaux.

Sculpture sur bois et peinture sont une spécialité de Sarchí pour les fameuses *carretas*, ces petits chariots en bois, vestige de l'époque des transports à bœufs qui servent aujourd'hui à décorer les jardins. Il faut enfin signaler deux anciennes traditions artisanales d'origine précolombienne, la céramique des Indiens Chorotegas dans la péninsule de Nicoya et les *molas*, ces tissus dont la technique est héritée des Indiens de la péninsule d'Osa.

Les *Carretas*

Les charrettes de bois, peintes et décorées, sont certainement le symbole artisanal du Costa Rica. À l'origine véritables moyens de transport, elles ont peu à peu disparu devant les progrès techniques. Les artisans ont décidé de les miniaturiser pour en faire des objets propres au commerce artisanal.

Que rapporter de son voyage ?

Quand on pense à rapporter des souvenirs et faire quelques emplettes au Costa Rica, c'est à l'artisanat en premier lieu que l'on se tourne. Des sacs de style guatémaltèque colorés aux tee-shirts à la gloire de la flore et de la faune tropicales ou frappés d'un *pura vida* typique, en passant par les hamacs en macramé et les figurines multicolores, le choix est vaste. À première vue, il n'est pas différent de ce que l'on peut trouver dans d'autres pays d'Amérique latine mais on se laisse tenter, en évitant bien sûr quelques boutiques au goût douteux. À moins que vous ne soyez en quête de kitsch exotique… Le mieux est de se concentrer sur les tissus du Guatemala, les bijoux et les objets de bois précieux (ou imitation). On trouve cependant un grand choix de produits artisanaux dans les régions indiennes, dans les réserves mêmes où, souvent, les femmes ont créé des coopératives artisanales. À part San José où vous trouverez de nombreuses boutiques de souvenirs, Sarchí reste le village de l'artisanat du bois. Vous y trouverez charrettes, rocking-chairs et reproductions d'oiseaux en bois ainsi que des collections impressionnantes de magnets, de mugs, de porte-clés ou de cendriers, tous à l'effigie de grenouilles, de quetzals ou de morphos.

Elles sont devenues multicolores et « multidécorées » alors qu'elles étaient seulement bleues, blanches et orange. À usage multiple, elles servent de desserte dans les salons costaricains, d'élément décoratif dans les jardins (où sont les nains ?) ou d'enseigne de magasins. La fabrication des *carretas* est centralisée à Sarchí où ne manqueront pas de vous déposer les tour-opérateurs.

« Les *carretas* pour le café sont fabriquées par les artisans sous des auvents dressés au bord de la route. Seize rayons de bois dur composent chaque roue, des pièces qui en roulant doivent produire un son caractéristique. Un ouvrier affirme que la *carreta* doit supporter 300 livres sans que change le chant de l'essieu. » (Extrait de *Centroamérica, Otro Mundo de Hilda*, Cole Epsy).

© STÉPHANE SAVIGNARD

Littérature

Le Costa Rica n'ayant pas connu dans son histoire de guerres ni de grands mouvements sociaux, qui sont souvent à l'origine d'une littérature engagée, les ouvrages sont donc peu nombreux et leurs auteurs peu connus. Un auteur connu, et reconnu même hors du pays, est Carlos Luis Fallas qui écrivit *Mamita Yunai*. C'est un livre décrivant les conditions atroces des *bananeros* (ouvriers des bananeraies) de l'United Fruit Company (la *Pieuvre*). Un des auteurs parmi les plus aimés est José León Sánchez, Indien Huetar d'origine, qui fut condamné à 40 ans de prison (il aurait cambriolé une basilique). Illettré à son incarcération, il apprit à lire et à écrire tout seul. Il écrivit en cachette *La Isla de los hombres solos*, qui fut un immense succès. Libéré au bout de 20 ans, il rédigea de nombreux autres romans. Un autre auteur parmi les plus connus au Costa Rica est Carmen Naranjo qui fut ministre de la Culture. Son livre majeur, en espagnol, s'intitule *En esta tierra redonda y plana*. La poésie est représentée par le poète Jorge Debravo de condition modeste, adepte de Pablo Neruda. Malgré sa courte vie – il est mort à 29 ans – il a laissé une œuvre poétique importante et très appréciée au Costa Rica. *Padre, púntame la paz en la palma de la mano* (que l'on traduit par : « Père, dessine-moi la paix dans le creux de la main ») est l'une de ses belles pensées. Très peu de livres sont traduits en français. On peut citer toutefois : *Les Pétroglyphes*, de Rodrigo Soto, éditions Meet, 2003 ; *L'Ombre derrière la porte*, du même auteur, éditions Vericuetos/Unesco, 1997 ; *Le Paradis assiégé* (titre original : *Asalto al paraíso*), de Tatiana Lobo. Même si elle est d'origine chilienne, la majeure partie de son œuvre est costaricaine car elle y vit depuis les événements chiliens.

Musique

La musique traditionnelle est basée sur des rythmes à l'origine quelque peu cubains, le *punto*, et un instrument : le *marimba*. Cet instrument – un xylophone – est à la base des musiques indigènes de cette région d'Amérique centrale et des Caraïbes. Il est curieux de constater que dans les orchestres survit un instrument précolombien (un arc sur une caisse) qui accompagne souvent la guitare espagnole. Pour la danse, la tradition repose sur une danse de groupe, faite en cercle, qui s'appuie sur le *paso* espagnol. Mais le modernisme et sa médiatisation ont répandu au Costa Rica des rythmes devenus incontournables comme la salsa, le merengue en danse et le reggae en musique.

Peinture et sculpture

Ces arts n'ont jamais eu un grand succès au Costa Rica. Longtemps prison-niers des représentations rurales de la société, les peintres, inspirés du mouvement impressionniste français, sont arrivés à sortir du bois. Après la période du « réalisme magique », la peinture costaricaine s'exporte aujourd'hui dans les galeries new-yorkaises. La sculpture est encore moins répandue.

Théâtre

Le théâtre est très apprécié au Costa Rica. De nombreuses salles dans les quartiers et un grand théâtre offrent à San José une intéressante activité théâtrale. Cela vient certainement du fait que les cours de théâtre firent parti du programme scolaire dès le XXe siècle. Le gouvernement désirant un grand théâtre, celui-ci fut à l'origine construit avec les revenus d'une taxe sur le café : de style très « européen », le Théâtre national est l'un des monuments les plus célèbres de San José. Il accueille aussi bien les pièces de théâtre, l'opéra, les ballets que toutes sortes de représentations culturelles de niveau national.

© STÉPHANE SAVIGNARD

Spectacle folklorique au musée national de San José.

La cuisine costaricaine

Le petit déjeuner est le repas le plus important de la journée. Il est de plus en plus souvent constitué de fruits, de pain, de café negro ou con leche, et de céréales. Mais le vrai petit déjeuner tico reste le gallo pinto, un plat de riz et de haricots noirs frits ensemble, accompagné de tortillas con natilla (petites galettes de maïs que l'on trempe dans un bol de crème sure liquide, un vrai délice !). Le déjeuner est assez léger et se prend entre 11h et 15h. Le soir, le dîner, plutôt sommaire, est prétexte à se rassembler autour d'une table. Mais toutes ces habitudes ont tendance à changer et le repas du soir devient important, surtout en fin de semaine car il est un repas de fête.

Plats et produits typiques

Les éléments de base de la cuisine typique costaricaine sont le riz, les haricots noirs ou rouges, les légumes, le *yuca* (manioc), le poulet, le bœuf et les poissons.

→ **À la base :** du riz (*arroz*), des haricots noirs (*frijoles*), du *yuca*, de la chayotte et

© STÉPHANE SAVIGNARD

Plaisir du goût et de la vue !

de la viande (*carne*). Après, ce sont des variations avec sauce, oignons et petits légumes. Les plats sont très peu épicés, voire fades, mais une petite bouteille de *chilero*, de Tabasco, de Salsa Lizano et l'inévitable ketchup traîne toujours sur les tables des restaurants. Les *casados*, riz et haricots mélangés à toutes sortes de légumes, sont plus goûteux. Bœuf, porc, poulet ou poisson (*pescado*) accompagnent ces légumes. Quand il y a du poisson, il est toujours très frais, mais il vaut mieux le commander grillé (*a la plancha*).

→ **Les différents climats** dont jouit le Costa Rica permettent une culture très diversifiée des fruits et légumes. Mais des pommes aux fruits typiquement tropicaux, l'abondance ne s'accompagne malheureusement pas toujours de qualité, l'usage des pesticides n'étant pas encore bien contrôlé. Plusieurs expériences de culture biologique et, au moins, une campagne de sensibilisation sur les méfaits de l'emploi abusif des « -ides » sont actuellement menées auprès des agriculteurs. Les produits

que l'on trouve sur les marchés sont généralement propres mais pour éviter tout risque de dérangement intestinal, il est préférable de les éplucher ou de les laver soigneusement avant de les consommer. Pour une première approche des fruits et des légumes tropicaux, flânez donc dans les rues de San José le samedi matin ou au Mercado Borbón tous les jours de la semaine.

Boissons

→ **L'eau est potable** dans presque tout le pays, seule celle des zones un peu reculées peut être un sujet de méfiance… Si vos craintes persistent, on trouve dans les épiceries et les supermarchés de l'eau de source locale (*de manantial*) en bouteille. Les sources pures étant très nombreuses, le marché des eaux, rentable, devrait encore se développer.

→ **Jus de fruits.** On boit peu d'eau au Costa Rica, mais plutôt des jus de fruits (banane, ananas, goyave…) mélangés à de l'eau ou à du lait (*refrescos* ou *frescos naturales* et *batidos*). Les boissons sucrées gazeuses sont nombreuses, locales ou d'origine nord-américaine, mais toujours fabriquées sur place (Fanta, Coca-Cola, Pepsi…). À défaut de les boire frais, goûtez les jus de fruits de la marque Natural, ils sont très bons.

→ **Le café** est bu à toutes les heures et partout. Dans les bureaux, les agences ou les musées, il y a toujours une cafetière pleine à disposition des employés et des clients. On boit peu de thé, mais on en trouve presque partout.

→ **Le climat, qui convient peu à la vigne,** fait le bonheur de la canne à sucre, donc du rhum. Le *guaro* est un rhum jeune, bon marché et très prisé,

© STÉPHANE SAVIGNARD

Sur la côte, les ceviches sont délicieux.

même si son goût, se rapprochant d'une vodka un peu fade, n'est pas terrible seul. Le monopole de la fabrication est détenu par la Fabrique nationale d'alcools (*Fábrica nacional de Licores*). Les meilleurs rhums sont le Centenario, l'Abuelo (« grand-père »), le Cacique et le Platino. On trouve aussi des rhums étrangers fabriqués sous licence. Le rhum « flor de caña », distillé au Nicaragua, est vraiment excellent et très abordable.

→ **La liqueur de café,** Café Rica ou Café Britt, est plus savoureuse que la *kahlua* mexicaine (à notre goût) et fait un excellent souvenir à rapporter.

→ **En matière de bières blondes,** on trouve les bières locales suivantes : l'Imperial (la meilleure), la Bavaria (oui, elle est costaricaine), la Tropical (légère, basses calories) et la Pilsen (aussi costaricaine) ainsi que la Heineken, fabriquée sous licence.

Vannerie avec le sourire !
© ICT (INSTITUT COSTARICIEN DE TOURISME)

Enfants du pays

Claudia Poll Ahrens

Claudia Poll a remporté trois médailles olympiques et battu plusieurs records internationaux (1966) en natation. Médaille d'or au 200 m nage libre aux Jeux olympiques d'Atlanta, le 21 juillet 1996. Aux Jeux de Sydney, en 2000, elle a remporté deux médailles de bronze (200 m libre et 400 m libre).

Franklin Chang Díaz

Astronaute, il a volé sept fois dans une des navettes de la Nasa. On le voyait à la télévision jonglant avec des tortillas, mets qu'il avait imposé à bord. Il travaille actuellement à l'élaboration de nouveaux moteurs de lanceurs, revient souvent au Costa Rica pour suivre des projets éducatifs et a « marché » pour la première fois dans l'espace en mai 2002 pour réparer l'un des bras de la station spatiale internationale.

Oscar Arias Sánchez

Économiste de formation, il entra rapidement en politique avec le soutien de « Don Pepe ». Elu président de la République en 1986. Rejetant le modèle économique libéral pour son caractère « individuel et égoïste », partisan *del Estado del bienestar* (l'Etat-providence), il fut à l'origine d'un renouveau économique et social du pays. Sur le plan international, il est l'initiateur d'un plan global de paix dans la région incluant le Guatemala, le Honduras, le Salvador et le Costa Rica, et négocia le traité de paix Esquipulas II, « fiable et durable pour l'Amérique centrale », entre ces différents pays. Pour cela, il reçut le prix Nobel de la paix en 1987. Il a été élu président de la République en mai 2006 pour un deuxième mandat ; c'est Laura Chinchilla, sa dauphine qui lui a succédé en 2010.

© STÉPHANE SAVIGNARD

Balade à cheval dans le parc national Rincón de la Vieja.

Paresseux sur l'Isla del Coco.
© STEPHANE SAVIGNARD

San José

La province de San José se situe au cœur même du pays, au cœur de la Vallée centrale, et sa capitale est le centre de la vie sociale, économique, culturelle et, bien sûr, politique du Costa Rica. Les Josefinos et Josefinas, les habitants de San José, vivent sous un climat printanier toute l'année.

San José

San José, ville assez récente, surprend souvent le visiteur fraîchement débarqué. On trouve si peu d'immeubles « modernes » de plus de cinq étages dans le centre que la taille des plus hauts *edificios* sert de repère. La tour de l'Instituto Costarricense de Electricidad (ICE), celle de l'Instituto Nacional de Seguros (INS), l'Aurola Hotel et le Banco Nacional sont incontournables. Ces tours sont entièrement grises et leur intérieur (sauf pour l'Aurola qui défend son standing), plus proche de la cave que du centre d'affaires, exhibe des murs non peints et des plafonds bruts. Tout semble encore en cours de construction, comme si on attendait que la terre cesse de s'agiter pour vraiment s'installer. Les autres bâtiments sont de béton ou de style néoclassique ou colonial. Mais, loin d'être de pittoresques petites maisons de bois avec galerie en façade, ce sont surtout des bâtisses bourgeoises fraîchement repeintes que l'on dirait construites hier pour faire joli. De toute façon, peu de bâtiments dépassent les cent ans d'âge. San José est jeune.

Histoire

Après une éruption particulièrement destructrice de l'Irazú, en 1723, les colons de la Vallée centrale prirent des précautions pour l'avenir en fondant de nouvelles cités sur des sites plus calmes. C'est ainsi que naquit, en 1737, Villanueva de la Boca del Monte (« Nouvelle ville à la porte de la montagne ») qui deviendra San José, à peu près en même temps que ses voisines Heredia et Alajuela. En 1821, le Costa Rica, sous l'impulsion du Guatemala qui venait de se détacher de l'Espagne, crée un gouvernement autonome. L'autoproclamé empereur du Mexique, le général Iturbide, exhorte

© ICT (INSTITUT COSTARICIEN DU TOURISME)

Au musée de l'Or précolombien de San José.

© STÉPHANE SAVIGNARD

Centre historique de San José.

ses voisins à rejoindre son empire. Cartago, alors capitale du Costa Rica, et Heredia adhèrent d'emblée, tandis qu'Alajuela et San José refusent net. Une courte guerre civile oppose les deux partis et ce sont finalement les indépendantistes qui l'emportent en 1823. La capitale est logiquement déplacée à San José. De tous les points de la ville, on peut voir les montagnes bleues à force d'être vertes, du vert des plantations de café. Cette proximité donne un petit air provincial à la cité qui semble avoir été construite en hâte, à la campagne.

Points d'intérêt

■ MUSÉE DE L'OR PRÉCOLOMBIEN (MUSEO DEL ORO PRECOLOMBINO)

Sous la plaza de la Cultura, sur trois niveaux, ce musée est la partie la plus importante du complexe culturel ouvert depuis 1975 et restauré en 1985. L'entrée est signalée par un ensemble de tuyauteries qui rappelle une certaine usine culturelle parisienne (côté est de la place). Ce complexe, assez impressionnant, s'habille d'une architecture toute bétonnée. Pas d'ornements superflus, ici on aime le gris brut et uniforme. Un gigantesque escalier mène aux sous-sols et au musée complètement réaménagé en 2002. Vous pourrez parfaire vos connaissances sur l'histoire américaine précolombienne de 2000 av. J.C. à 1500 apr. J.C., ou contempler une parure de guerrier, de celles-là mêmes qui firent croire aux compagnons de Christophe Colomb que le paradis aurifère ne devait plus être loin puisque tout un chacun pouvait arborer ces magnifiques ornements. Les explications sont en espagnol et en anglais et les dessins qui accompagnent l'exposition sont suffisamment éloquents. Vous remarquerez une série de disques d'or, jadis directement cousus sur les vêtements, de diadèmes, de pinces à épiler, d'hameçons (l'or ou le cuivre servaient à tout) et différents bijoux ou accessoires de la vie courante, dont beaucoup étaient destinés aux rites funéraires.

San José

BARRIO MEXICO

vers aéroport ✈

vers La

Avenida 11

des

Avenida 7

vers Pavas
et Rohrmoser

Calle 42

Avenida 7

Calle 22

Calle 20

Avenida 3

Avenida

m **Musée d'Art
du Costa Rica**

Paseo Colón

La Sabana

Calle 34

Calle 32

**Eglise
Maria
Auxiliadora** ✝

**Hôpital
Dos Niños** ✚

Avenida 4

Calle 30

Calle 28

Calle 26

Calle 24

Calle 22

**Hôpital
San Juan
de Dios** ✚

Melico S

**Eglise
La Merced** ✝

vers
Escazú
et Santa Ana

✝ **Eglise
Don Bosco**

Calle 20

Calle 14

Calle 12

Avenida 10

**Hôpital
Ancien** ✚

Avenida 8

Avenida Simón Bolívar

36 St.

m **Hôtel
de Ville**

Avenida 10

Avenida 12

Calle 16

Calle 10

Cimetière

N

0   300 m

vers
Alajuelita

Avenida

Avenida 24

26 Av.

	Route principale
	Route secondaire
🏛	Monument et administration
✝	Eglise
🏪	Marché
m	Musée
✚	Hôpital
	Espaces verts

HATILLO

SAGRADA FAMILIA

Musée national.

Plusieurs vitrines protègent des grelots qui, selon Fray Pedro Simón (XVIe siècle), étaient accrochés aux branches des arbres près des sanctuaires religieux. Les techniques de fabrication de tous ces objets sont abondamment expliquées. Ce musée a été décidé en 1950 quand el Banco Central de Costa Rica a commencé une collection d'objets précolombiens en vue de préserver l'héritage du pays. C'est un très beau musée, riche, très bien tenu et documenté. Un des plus beaux musées d'or d'Amérique latine ; c'est un incontournable de San José. À recommander. Dans le même complexe, un petit musée numismatique intéressant.

■ MUSÉE DU JADE
(MUSEO DEL JADE
MARCO FIDEL TRISTAN)

La plus grande collection de jade de tout le continent américain présente des objets religieux, décoratifs ou ornementaux en jade et également des ustensiles de cuisine en céramique de 500 av. J.C. jusqu'à 800 apr. J.C. De nombreuses pièces sont rétro-éclairées afin d'en apprécier la transparence, signe de pureté des pierres. Il y a aussi d'autres pièces exposées en céramique, en or. C'est dans ce musée, au onzième étage (vue sur la ville) de l'immeuble de l'Instituto Nacional de Seguros, que l'on peut voir les fameuses tables à moudre le maïs (*metates*) des tribus chorotegas du Nord, et, accessoirement, disposer d'une très belle vue sur la Vallée centrale. Un des plus beaux musées d'Amérique latine. À recommander.

■ MUSÉE NATIONAL
(MUSEO NACIONAL)

Classé monument national en 1984, ce bâtiment jaune qui surplombe les immenses marches de la place de la Démocratie accueille depuis son réaménagement en 1989 (date du centenaire de la Démocratie) des collections consacrées à la civilisation costaricaine. Fondé en 1887, le musée était à l'origine un fonds de recherche

scientifique et n'a été ouvert au public qu'à partir de 1930. Ce n'est qu'en 1948 que la collection intégra les murs de cette ancienne caserne Bellavista construite au début du siècle (on peut encore voir les impacts de balles de la courte guerre civile de 1948 sur les tours à l'arrière de l'édifice). Les collections, allant de l'art sacré précolombien aux documents marquant le début de la première République (1821), sont fort riches. De nombreuses pièces précolombiennes venant du site de Guayabo, dans le parc les sphères précolombiennes du Sud-Ouest (Osa), des objets d'or précolombien et aussi des pièces plus récentes d'histoire contemporaine composent les très belles collections de ce musée. Il édite aussi des revues et des livres. Si la visite ne vous intéresse pas, allez quand même faire un tour de ce côté vers 18h, avant le coucher du soleil. Le bâtiment jaune devient alors flamboyant et si, par chance, il pleut et que le ciel est encore noir de nuages, le spectacle devient grandiose. Pour ceux qui n'en ont pas vu lors de périples dans le pays, vous pouvez voir un *mariposario* (jardin à papillons) en sous-sol. Ce très beau musée, dont le prix d'entrée est très modique, mérite votre visite. À recommander.

■ MUSÉE D'ART COSTARICAIN (MUSEO DE ARTE COSTARRICENSE)

À l'extrémité ouest du paseo Colón, le terminal de l'ancien aéroport de San José, reconverti en parc métropolitain de La Sabana, présente depuis 1978 une intéressante collection de 2 300 peintures et sculptures d'artistes costaricains du XVIIIe au XXe siècle. Deux galeries sont réservées à des expositions temporaires.

■ MUSÉE D'ART ET DE DESIGN CONTEMPORAINS (MUSEO DE ARTE Y DISEÑO CONTEMPORANEO)

Diverses expositions temporaires dans une ancienne fabrique nationale de liqueurs.

■ MUSÉE DE L'ARCHITECTURE (MUSEO DE ARQUITECTURA)

Centre multiculturel récent qui met également en scène d'autres formes de beaux-arts : musique ou littérature.

■ MUNDO SALVAJE

Géré par le propriétaire du Serpentario de San José, un fondu des reptiles et autres affreuses bêtes, le Mundo Salvaje réjouira les passionnés de serpents venimeux vivants (dans des cages en verre), de grenouilles vénéneuses, de tarentules, de piranhas, etc. Un monde fascinant intelligemment mis en scène. À visiter absolument !

■ MUSÉE LA SALLE DES SCIENCES NATURELLES (MUSEO DE CIENCIAS NATURALES)

Plus de 70 000 espèces en exposition, principalement des oiseaux, mais aussi des reptiles, des poissons et des mammifères, sont répertoriées dans ce musée réaménagé, dont beaucoup que vous ne verrez jamais : elles ont disparu depuis bien trop longtemps. Egalement une section dédiée à la paléontologie et la géologie.

■ MUSÉE DES INSECTES (MUSEO DE INSECTOS)

Ce musée, qui existe depuis 1962, était à l'origine le fonds d'étude privé de la faculté. On peut y découvrir tous les aspects du monde très riche des insectes recensés au Costa Rica.

Le mimétisme adopté comme défense aux maladies transmises par les insectes ainsi que l'utilité « agricole » des petites bêtes font l'objet d'une ample documentation. Possibilité de suivre une visite guidée.

■ SPIROGYRA – JARDIN DE MARIPOSAS – CAFÉ GALERIA COLIBRI

Collection de papillons et de colibris, à une quinzaine de minutes du centre de San José.

■ MUSÉE DES ENFANTS (MUSEO DE LOS NIÑOS)

Peut-être que, depuis votre arrivée à San José, vous vous demandez ce qu'est cet énorme bâtiment aux couleurs *shocking*, digne de *la Belle au Bois Dormant*, parfois surmonté de ballons, de drapeaux et autres banderoles. C'est une prison, ou plutôt l'ancien pénitencier de San José transformé il y a quelques années en musée pour les enfants. Histoire, sciences, société… En plus de la visite, les enfants ne doivent pas bouder les ateliers où ils apprendront à construire une maison précolombienne ou à fabriquer des bijoux de style bribrí.

Colibri observable au jardin de Mariposas.

■ MUSÉE DE CRIMINOLOGIE (MUSEO DE CRIMINOLOGIA)

Où, quand, comment et pourquoi commet-on des crimes au Costa Rica (ou ailleurs) et où, quand, comment trouve-t-on le criminel (ou la victime) ?

■ MUSÉE PHILATÉLIQUE (MUSEO FILATELICO Y NUMISMATICO)

L'histoire du Costa Rica à travers l'édition de timbres et d'antiques postes de télégraphie depuis 1849.

■ MUSÉE DU RAIL (MUSEO DEL FERROCARRIL)

Ce musée qui a du mal à trouver sa « voie » se trouve dans la gare même d'où partaient les trains en direction de l'Atlantique et du terminus de Limón. Les expositions de photographies retracent l'histoire de cette voie ferrée dont le trafic s'est arrêté en 1990.

■ MUSEO DR. RAFAEL ANGEL CALDERÓN GUARDIA

Une belle maison ancienne où vécut la famille de ce président réformiste des années 1940. Expositions temporaires et galerie d'arts. Ce musée retrace la réforme sociale menée entre 1940 et 1944 par le Garde d'honneur de la patrie Dr. Calderón Guardia.

■ CENTRO NACIONAL DE CULTURA (CENAC)

Dans l'un des plus anciens bâtiments de San José (1840), une distillerie reconvertie en centre culturel, lieu d'exposition et théâtre. En février, festival d'art et manifestations libres d'accès.

■ PUEBLO ANTIGUO

Parc d'attractions qui fut créé au bénéfice de l'hôpital des enfants. Il y a d'un côté des manèges et d'autre part un village reconstitué avec bâtiments coloniaux, huttes indiennes, maisons typiques. À 10h, un spectacle

bilingue (espagnol/anglais) retrace en musique et en costumes l'histoire du pays depuis la conquête espagnole. Les vendredis et samedis soir, *Noches Costarricenses*.

■ THÉÂTRE NATIONAL (TEATRO NACIONAL)

La plus grande salle du pays – et la fierté des Costaricains – est classée par les Monuments historiques depuis 1965. Elle accueille les troupes les plus prestigieuses, nationales et internationales, de théâtre et de danse, d'opéra, d'opéra-comique et de zarzuela, aussi bien que les événements publics importants. Son existence résulte de la défection d'une des plus fameuses cantatrices de la fin du XIXe siècle, Adelina Patti, pour cause d'absence de salle adéquate au Costa Rica. Au début de 1890, un groupe d'agriculteurs et de négociants en café se cotisa pour permettre la construction de ce théâtre. Le Président de l'époque, José Joaquín Rodríguez, s'émut de ce don et accepta le projet en mai 1890, le financement étant assuré par un apport de l'Etat et un impôt spécial sur les exportations de café. La conception et la mise en œuvre furent confiées à des architectes belges et la décoration à des Italiens (Andreoli, Serra, Ferrando, Guevander, Ferrario et Fontana). La direction des travaux resta entre les mains de Costaricains (Miguel Angel Velásquez, Luis Matamoros et Nicolás Chavarría) secondés par des architectes d'origine allemande (Pedro et Fernando Reigh), le maître d'œuvre étant Antonio Varela. Le Théâtre national fut inauguré par le président Rafael Iglesias le 19 octobre 1897, après sept ans de travaux. La première représentation fut le *Faust de Gounod*. La façade Renaissance du théâtre, dans la droite ligne du style

Théâtre national.

architectural alors en vogue en Europe et en Amérique latine, rappelle la façade de l'Opéra-Comique de Paris. Les trois allégories (la Musique, la Danse et la Renommée) qui ornaient le tympan, sculptées par l'Italien Bulgarelli, sont malheureusement abîmées par la pollution. Les génies de la Littérature et de la Musique, sous les traits de Pedro Calderón de la Barca (poète dramatique espagnol) et de Beethoven, encadrent le portique d'entrée. Le vestibule, l'escalier d'honneur, le foyer et la salle ne sont que marbre et or ciselés. Dans les allégories peintes par des artistes italiens sur les murs et les plafonds courent et s'entremêlent toutes les muses de la Création. Après le violent tremblement de terre du 22 avril 1992, le théâtre, très endommagé, a dû être restauré.

■ TEATRO MELICO SALAZAR

Melico Salazar était le ténor qui remplaça Caruso à la Scala de Milan.

Le théâtre, construit au début du siècle, a connu une histoire mouvementée parfois bien éloignée des jeux de l'esprit. Tout d'abord *cabildo* (mairie) puis quartier général de l'armée où fut composé l'hymne national en 1852, il devint lycée de garçons en 1913 avant d'être fermé en 1924. En 1926, il devint pour la première fois un théâtre où se jouaient zarzuelas et opérettes. Détruit en 1967 par un incendie, le théâtre Raventos devient enfin le Melico Salazar en 1976 et est rénové dans les années 1980. Avec ses 2 000 places, c'est le deuxième théâtre de la ville après le Nacional. Au rez-de-chaussée, le café Bohemia, agréable, vient d'être réaménagé.

■ PARQUE ZOOLOGICO SIMON BOLIVAR

Plus de 400 espèces d'animaux et 150 espèces de plantes du Costa Rica. Une aire est dédiée aux enfants, mais dans l'ensemble, le parc est mal entretenu et peut être décevant.

■ MUSÉE HISTORIQUE AGRICOLE (MUSEO HISTORICO AGRICOLA)

Autour d'une maison vieille de 250 ans, une exposition de machines agricoles retraçant la culture du café, du sucre et de la banane.

■ FOSSIL LAND

Un parc d'attractions diverses et variées au sud-est de San José.

■ PLAZA DE LA CULTURA

En plein centre de San José, elle est bordée par le Théâtre national, le musée de l'Or précolombien, son voisin l'institut du Tourisme et par une rangée de fast-foods. Le Théâtre national en est le phare. Les touristes et les Ticos s'y donnent rendez-vous, le plus souvent sous les arcades du Gran Hotel Costa Rica. L'orchestre de mariachis, qui joue quotidiennement sur la place, et les vendeurs de souvenirs lui donnent un côté populaire. C'est le lieu idéal pour regarder les passants, pour sentir le pouls de la ville.

© ICT (INSTITUT COSTARICIEN DE TOURISME)

Place de la culture.

L'expo Vache est passée par San José.

qui en marque le centre est l'un des points de rendez-vous les plus connus des Costaricains. À l'est se trouve la Catedral metropolitana qui a reçu la visite de Jean-Paul II au début des années 1980, et au nord le théâtre Melico Salazar.

■ PLAZA DE LA DEMOCRACIA

Cette place est en partie composée de gigantesques escaliers menant au Museo nacional. Une statue y célèbre Don Pepe Figueres. En bas des escaliers, une petite maison bleue abrite la Fondation pour la paix créée par Oscar Arías Sánchez. Elle n'a rien de remarquable et son état est un peu triste. Elle abrite un marché artisanal en plein air.

■ PARQUE NACIONAL

La place est l'une des plus belles de San José. Elle comporte deux statues : l'une est un hommage aux combats livrés par l'Amérique centrale contre l'aventurier William Walker et sculptée par un disciple de Rodin, l'autre représente le héros national, Juan Santamaría. En bordure du parc se trouvent l'Assemblée législative et la Bibliothèque nationale.

■ PARQUE MORAZAN

Il porte le nom de Francisco Morazán, un partisan hondurien de l'unité centraméricaine du milieu du XIXᵉ siècle. En son centre un belvédère qui se nomme pompeusement Temple de la musique. Il a conservé son aspect original avec ses jardins et ses bancs d'une seule pièce, mais quelque peu décrépits.

■ PARQUE CENTRAL

Situé sur la seconde avenue, il est le cœur de San José. Le plus grand kiosque du pays (offert par le Nicaragua)

■ PARQUE MERCEDES

Il doit son nom à l'église qui est située à proximité. Son véritable nom est Braulio Carrillo, celui d'un ancien président de la République.

■ PARQUE DE LA SABANA

À l'ouest de San José, il occupe le terrain de l'ancien aéroport international du Costa Rica. Il abrite des courts de tennis, différents terrains de basket, de volley, de base-ball. C'est un des endroits où les Ticos se détendent, font leur jogging ou leur partie de football entre les eucalyptus.

Les environs de San José

En partant de San José, visitez le volcan Irazú le matin, déjeunez sur le versant d'arrivée de la vallée d'Orosí, puis descendez dans la vallée pour visiter les ruines d'Ujarrás ; faites le tour du lac et revenez par Cartago.

Détail d'architecture à San José.

Vous aurez ainsi pu découvrir une région variée et charmante sans courir comme des fous et en prenant le temps de vous arrêter. Si vous disposez de plus de temps, nous vous conseillons de dormir une nuit à l'entrée du parc de Tapanti, près de la vallée d'Orosí. Cet endroit, peu fréquenté, présente un intérêt indéniable pour l'observation des oiseaux. Toujours en partant tôt le matin pour bénéficier d'un ciel dégagé sur les sommets, vous pouvez également commencer par le volcan Poás, vous arrêter à la chute de La Paz, à quelques kilomètres sur la route de San Miguel. Au cours de l'après-midi, vous pouvez redescendre par Barva, adorable petit village, et Heredia. Le volcan Barva est également attrayant. Bien qu'éteint, son ascension vaut le détour. C'est une balade superbe qui peut s'effectuer en deux heures. Il y a peu de touristes et de Costaricains durant la semaine. Une nature exubérante et verte vous attend. Vous pouvez partir tôt le matin vers 7h et revenir vers 13h ou 14h pour déjeuner dans une petite auberge située un peu avant l'entrée du parc. En une journée vous pouvez découvrir les petits villages de Grecia, de Sarchí, de Naranjo, de Zarcero et de San Ramón et revenir par l'Interamericana. Près d'Alajuela, à La Garita (sortie La Garita sur l'Interamericana), de nombreux horticulteurs ont élu domicile. Les pépinières se suivent et méritent un arrêt. Non loin se trouve le ZooAve (nombreux oiseaux) qui vous donnera un bon aperçu de la faune du Costa Rica. Dans tous les cas, si vous disposez d'un peu de temps, n'hésitez pas à vous lancer sur les petites routes de montagne qui partent dans les collines au-dessus d'Escazú et de Santa Ana, seulement en 4x4. Les chemins sont superbes et mènent aux crêtes, d'où vous pouvez avoir de superbes vues sur la vallée. En fin d'après-midi, il faut monter vers Aserrí et vous arrêter dans l'un des bars ou restaurants qui dominent la vallée pour assister à un coucher de soleil époustouflant (si le temps est dégagé) ou simplement attendre que la nuit tombe pour voir la ville scintiller au loin.

La Vallée centrale

Elle n'a de vallée que le nom. On devrait plutôt appeler cette région « les Hauts Plateaux » ou « la Meseta Central » car son altitude moyenne approche les 1 000 m et elle est bordée par la cordillère centrale avec plusieurs volcans entre 2 700 m et 3 400 m. Ce trapèze de 65 km sur 30 km est le cœur historique, économique et culturel du Costa Rica.

Le Nord de la Vallée centrale

Dominé par le volcan Barva (2 906 m), abritant l'un des plus beaux parcs nationaux du Costa Rica, le parc national Braulio Carrillo, le nord de la Vallée centrale est un havre de nature à l'état pur. Heredia, l'ancienne capitale du café, est la première étape de la route du nord de la Vallée centrale.

Heredia

Fondée en 1706, elle fut l'ancienne capitale du café et l'on peut encore visiter aujourd'hui la *finca* Britt, l'une des usines de torréfaction les plus présentes en rayon. La ville est si proche de San José qu'on peut la considérer comme l'une de ses banlieues, mais c'est là une banlieue jeune et charmante, connue aussi comme la ville des fleurs (même si elles ne sont pas plus visibles ici qu'ailleurs) et reconnue depuis les années 1990 comme capitale des technologies de pointe et notamment des microprocesseurs. Quelques monuments méritent une visite autour du Parque central : le Fortín, une ancienne forteresse espagnole et symbole de la ville, l'église coloniale (La Inmaculada Concepción) datant de 1768, et un édifice du XVIIᵉ siècle qui offre ses jardins et ses couloirs aux visiteurs. La fontaine en acier, au centre du Parque central, a été fondue en Angleterre. On peut également se promener sur le petit campus de l'université.

Les environs d'Heredia

Autour d'Heredia, de nombreux petits villages typiques aux placettes centrales accueillantes et aux minuscules églises sont faciles d'accès depuis la capitale (une dizaine de kilomètres) et idéaux pour passer une agréable journée.

Tram aérien dans la forêt tropicale aux environs d'Heredia.

La Vallée centrale

Légende:
- Route principale
- Route secondaire
- Ville importante
- Village
- Curiosité
- Parc, réserve et refuge national

SAN JOSÉ

Vers la côte caraïbe

Vers les cordillères du Sud

Vers le Guanacaste

Vers les Plaines du Nord

Vers la côte pacifique centrale

0   25 km

Parc national J. Castro Blanco
4267 m

Buenavista
Zapote
Laguna
Zarcero
Palmares
Jardín de Los Guarias
Naranjo
Sarchi
Volió
San Juanillo
San Ramón
Piedades Norte
Angeles Norte
Réserve de Los Angeles
Finca Paz
Piedades Sur

Parc national Volcan Poás
2704 m
Poasito
Poás
Bajos del Toro
Cariblanco
Cinchoná
2150 m
Cerro Negro
Jardins des Cascades de la paix
Varablanca

CORDILLERA CENTRAL
Vol. Barva
2906 m

Parc national Braulio Carrillo

Zoo Ave
Grecia
Puente de Piedra
La Guácima
Ferme aux Papillons
Atenas
Piedras Negras
Santiago de Puriscal
Mercedes Sur
Zone protégée La Cangreja
Turrúcares
Tárcoles

San Pedro de Poás
Tacácori
Alajuela
Sacramento
San José de la Montaña
Heredia
Santa Bárbara
San Rafael
San Isidoro de Coronado
Institut Picado
San José
Santa Ana
Escazú
Zone protégée Cerros Escazú
Ciudad Colón
Guayabo
Palmichal
San Ignacio
Sabanillas
Casiprola
Parrita

Ojo de Agua
Piedades
Aserrí
Tarbaca
San Gabriel
Frailes
San Andrés
San Pablo de León Cortés
San Marcos de Tarrazú
San Cristóbal
Carrillo
San Isidoro
Santa María de Dota
Copey

FILA DE BUSTAMANTE

3328 m
Vol. Turrialba
Parc national Volcan Irazú
3432 m
Vol. Irazú
Santa Cruz
Pacayas
Llano Grande
Cot
Cartago
Paraíso
Jardín Bot. Lancaster
Orosí
Cachí
Ujarrás
Empalme
Tres de Júnio
Cañón
Jardín
La Lucha
Sin Fin
Salsipuedes
San Gerardo de Dota
3491 m
Cerro de la Muerte

Turrialba
Juan Viñas
Pejibaye
La Suiza
Tuis
Platanillo
Pavones
Lajas
Monument nat. Guayabo
Parque Vibarana
Chitaria
Tucurrique
Refuge national de Tapantí

1617 m
2378 m
Chirripó Abajo
Chirripó Arriba
Réserve indigène Chirripó
Bajo Moravia
Pácuare
Gato

Reventazón

Río Grande
Río Virilla
Río San Juan
Río Tárcoles
Grande de Térraba

El Fortín à Heredia.

Parmi ces villages, Barva, à 3 km de Heredia, est l'un des plus anciens du pays puisqu'il fut fondé en 1561. Autour de la place centrale, les maisons du XVIIIe siècle ont été restaurées en vue de sauvegarder leur style colonial. On appelle encore ce village Barba, car c'est ainsi qu'on le nommait jusqu'à ce que l'on découvre dans de vieilles archives qu'au moment de l'arrivée des premiers colons, un certain Barva était cacique de la région. Plusieurs villages ont ainsi changé de nom après de récentes recherches historiques.

■ INBIOPARQUE

Plus qu'un jardin botanique, c'est un grand complexe écotouristico-pédagogique géré par l'Instituto National de Biodiversidad où l'on peut avoir un premier et très large aperçu des écosystèmes du Costa Rica (forêts de la Vallée centrale, humide et sèche, vidéo, insectarium, serres, jardin de papillons, etc.). La visite doit se terminer au magasin de souvenirs qui présente une bonne sélection d'outils pédagogiques, notamment des albums à colorier pour les enfants. Egalement hors de l'enceinte payante, le centre d'informations touristiques est l'un des meilleurs du pays.

■ MUSEO DE CULTURA POPULAR

Dans une maison d'adobe datant de la fin du XIXe siècle, autant dire l'Antiquité pour les Costaricains d'aujourd'hui, on a tenté de préserver le décor quotidien de l'époque. Quelques meubles et objets sont ainsi exposés. Il n'y a pas grand chose entre un four de terre et un moulin à café modèle industriel entreposés dans l'appentis au fond du jardin, mais il est agréable de s'asseoir devant la maison (*solar*) et de s'imaginer propriétaire, aisé, de ce petit coin de terre. Une brochure illustrée, de style scolaire, relate l'histoire de la famille du président Alfredo González Flores Zamora qui vivait ici. Vous remarquerez le petit bureau au fond de la maison : le secrétaire ne contient que des livres en français, sûrement un fonds de brocante. Possibilité d'y déjeuner le week-end.

■ SAN ISIDRO DE HEREDIA

Il faut voir l'église blanche de style gothique et l'atelier de céramique Cerámica Chavarría (à droite avant le pont métallique sur la route de Guápiles) où l'on fabrique des récipients émaillés.

■ MONTE DE LA CRUZ

À 12 km au nord-est de Heredia en passant par San Rafael de Heredia, le lieu-dit Monte de la Cruz est un peu le pendant nord d'Aserrí (au sud de San José). C'est de ce point élevé que l'on peut jouir de la meilleure vue sur la Vallée centrale.

Parc national Braulio Carrillo.

Parc national Braulio Carrillo

Braulio Carrillo était le nom du 3ᵉ président de la République du Costa Rica ; c'est maintenant celui d'un immense parc national se trouvant au nord-est de San José. C'est le plus proche de la capitale, mais l'un des moins connus, parce que, la plupart du temps, on ne fait que le traverser en se rendant à Limón ; de plus, si le ciel est bas, la perspective d'aller voir au-delà de la barrière de brouillard ne vous effleure même pas l'esprit. Alors vous vous contentez de jeter un coup d'œil aux fougères et aux incroyables feuilles des *gunneras* (le « parapluie du pauvre » sous lequel une famille entière pourrait se protéger de la pluie) qui dégringolent vers la route. Dommage, car ce parc est fort intéressant. Ce parc a

été fondé en 1978 pour faire face aux risques de dégradation des *cloudforests* et *rainforests* entraînés par la construction de l'autoroute – qui permit le désenclavement de la région caraïbe du pays – et pour renforcer la barrière naturelle qui protège la Vallée centrale. Actuellement, 47 600 hectares dont 90 % de forêt primaire sont protégés, couvrant une surface suffisamment grande et variée entre vallées de basse altitude et montagnes (jusqu'à 2 900 m au volcan Barva), pour permettre le développement d'au moins cinq sortes d'habitat selon le classement Holdridge. Dans cette incroyable biodiversité, on a recensé près de la moitié de la flore du Costa Rica. Le tunnel Zurquí marque la transition entre les versants pacifique et atlantique. L'entrée principale du parc se trouve à une vingtaine de kilomètres de la sortie du tunnel. De là, trois courts sentiers permettent de pénétrer la forêt et de découvrir enfin le ceibo, l'arbre qui domine la forêt tropicale humide du haut de sa cinquantaine de mètres.

■ FERME DE PAPILLONS LOS HELICONIOS

Cela ne vaut pas encore la ferme de La Guácima, mais permet d'observer plus de 30 espèces différentes.

■ RAINFOREST AERIAL TRAM

L'idée de faire monter quelques personnes au-dessus de la forêt en compagnie d'un guide naturaliste n'est pas tout à fait nouvelle… Mais cette fois-ci, le projet est de mettre ce moyen d'observation à la portée de tous, et non plus seulement d'un groupe de privilégiés. L'instigateur du tram n'est autre que Don Perry qui avait mis au point les « ascenseurs » de Rara Avis, qu'il a malheureusement abandonnés au profit de cette nouvelle aventure.

La petite réserve en bordure du parc Braulio Carrillo est ouverte depuis l'automne 1994 et depuis on y a construit un auditorium, un restaurant et un magasin de souvenirs. Pour la balade, une vingtaine de « voitures » accessibles aux handicapés et entièrement ouvertes sur l'extérieur, mais protégées des intempéries par un toit parcourent un trajet d'une durée de 45 minutes dans un silence absolu pour ne pas effrayer la faune qui, vivant loin du sol, ne connaît pas l'homme. Il faut tout de même relativiser les choses et admettre que l'accroissement du nombre des visiteurs rend presque impossible l'observation animale. Le prix est élevé pour une telle expérience, qui peut s'avérer assez ennuyeuse pour les amateurs de *canopy tours*. Malgré tout, cela reste un bon moyen de se sentir au cœur de la forêt quand on est accompagné de tout-petits ou qu'on estime avoir passé l'âge de grimper aux arbres. Venir le plus tôt possible le matin.

© ICT (INSTITUT COSTARICAIN DE TOURISME)

Parc national Braulio Carrillo.

■ CANOPY TROPICAL MAGIC FOREST

10 plates-formes et 9 câbles de descente à travers la canopée d'une forêt secondaire.

Volcan Poás et le parc national

Le volcan Poás (2 705 m) est l'un des volcans les plus actifs, donc très observé, du Costa Rica. Sa première éruption date de 1828 et il en est actuellement à sa quatrième période éruptive après quelque trente ans de repos. Il faut voir les cratères tôt le matin (le parc ouvre à 8h) pour apprécier au mieux les manifestations gazeuses sur fond de ciel bleu et de perspectives sur les vallées. Le premier des deux cratères, profond de 300 m, mesure plus de 1 km de diamètre. Un lac d'eau chaude sulfureuse occupait son fond il y a encore quelques années, mais l'intensification de l'activité du volcan en a accéléré l'évaporation et il n'en reste plus grand-chose. À l'intérieur même de ce cratère en a surgi un autre, minuscule, dernier-né de la plus récente éruption (1953). Le second cratère, quant à lui, est rempli d'eau froide. Les nuages de vapeur et les fumerolles sont aisément observables d'une plate-forme aménagée sur le bord sud de l'immense cratère. De plus, une route en excellent état et surplombant les magnifiques paysages de la Vallée centrale mène directement à l'administration du parc national de Poás (le poste d'observation est 600 m plus loin). Sur le trajet que l'on suit à pied, on peut voir l'évolution des dégâts sur la végétation environnante dus aux pluies acides, elles-mêmes provoquées par le volcan.

Des trous défigurent les « parapluies du pauvre » (*la sombrilla del pobre* dont les feuilles, évoquant celles de la rhubarbe, sont idéales pour se protéger de la pluie) et les cultures de café sont un peu moins belles autour du volcan que dans le reste de la vallée. D'ailleurs, l'expédition n'est pas recommandée aux personnes souffrant de problèmes respiratoires ou ayant les yeux un peu sensibles. Pour les autres, ne restez pas plus de 20 minutes au bord du cratère ; de toute façon, vos paupières commenceront à brûler avant ce délai. Les émissions sont quelquefois tellement importantes que le parc ferme ses portes pour quelques jours. S'il est ouvert et que vous craignez les gaz sulfureux, un mouchoir imbibé d'eau vinaigrée devrait vous permettre d'approcher le cratère et de marcher jusqu'au lac Botos, à 20 minutes à pied du premier cratère. En redescendant vers le parking, deux sentiers sur la gauche s'enfoncent dans la forêt qui s'épaissit en s'éloignant des cratères et rejoignent l'aire de pique-nique du parc. Il faut compter trois quarts d'heure de marche pour le premier sentier et 20 minutes pour le second. Tous les deux sont balisés de poèmes célébrant la beauté, la vie ou la force de la forêt. En outre, les fumées ne réchauffent pas et il peut faire froid en altitude par rapport aux douces températures de San José.

Volcan Barva

À l'est du parc national Braulio Carrillo, le volcan Barva n'est pas des plus simples à découvrir, mais son ascension est si gratifiante que les difficultés s'oublient dès qu'on en atteint le sommet. Même s'il faut penser, un peu, à la descente… La randonnée commence à l'entrée du parc sur la route de San José de la Montaña, puis ce sont quatre ou cinq heures de marche aller-retour à travers une forêt constamment arrosée par la pluie (avec un peu de répit entre décembre et avril). En conséquence, prévoyez de bonnes chaussures pour les sentiers boueux et de bons vêtements contre l'humidité et la fraîcheur ambiante.

© ICT - JUAN AMIGHETTI

Parc national du volcan Poás.

Vue aérienne du volcan Poás.

À Sacramento (nord de Heredia), informez les gardiens du poste de vos intentions de randonnée. Si les conditions météorologiques ne sont pas excellentes, ils le sauront. Quoi qu'il en soit, prévoyez de partir le plus tôt possible dans la journée pour devancer les brouillards de l'après-midi et ne pas vous retrouver complètement cerné, ne voyant rien. En haut, il est possible de camper sur les terrains prévus à cet effet aux abords des trois lacs (Danta, Barva, et Copey) moyennant environ 1 500 colones, mais cela implique que vous ayez pensé au matériel et aux provisions nécessaires et notamment à l'eau. Pour descendre le versant nord, il vaut mieux être entraîné, bien équipé, avoir une boussole et une bonne carte topographique des lieux. Comptez quatre bonnes journées pour atteindre les abords de la réserve de La Selva, à l'extrême nord du parc Braulio Carrillo. Prévenez quelqu'un si vous tentez l'aventure.

■ CAFÉ BRITT'S COFFEETOUR

Pour ceux que le café intéresse, et pour les autres, l'entreprise de torréfaction Café Britt, outre son excellent café, propose un Coffee Tour qui présente l'histoire, la culture et la récolte de cette graine tant appréciée. Loin de l'image des grands complexes industriels, le Café Britt vous accueille au pied des volcans dans un cadre champêtre où les fleurs abondent. Dès votre arrivée, un *café frío* annonce le début de la visite. Le maître des lieux, pointilleux, recherche la perfection pour notre plus grand plaisir. Les moyens sont là ! Une scène, des acteurs, des costumes et vous voilà au théâtre. Des acteurs trilingues (espagnol, anglais, français) vous accompagnent entre les rangs des caféiers et avec humour et compétence, enseignent les secrets des semis, des plantations et de la récolte. Pour terminer, une séance de dégustation permet à chaque visiteur de goûter, de reconnaître les arômes et d'apprécier le café comme un bon vin en véritable gourmet.

Alajuela

Beaucoup préfèrent séjourner à Alajuela qui, malgré ses 70 000 habitants et sa place de deuxième ville du pays, est beaucoup plus tranquille que San José et moins polluée. Il y fait aussi un peu plus chaud que dans la capitale, car on descend vers la mer. Ville agréable et ombragée, Alajuela est fondée en 1782.

Elle figure au programme touristique pour son musée Juan Santamaría (le jeune héros national, né ici) aménagé dans l'ancienne prison située calle 2, avenida 3. Sur l'esplanade, au sud-est du Parque central, s'élève depuis 1890, la statue du jeune héros, torche à la main. La ville est aussi intéressante pour ses marchés et ses fermes de papillons. Chaque 11 avril, on fête Juan Santamaría, l'enfant de la cité, avec des défilés et diverses commémorations de la bataille menée contre Walker au siècle dernier. La province d'Alajuela est connue pour le volcan Poás qui possède le plus grand cratère au monde et qui est toujours en semi-activité. La végétation du parc national permet d'observer un type de flore sèche voisine de celle des forêts tropicales humides.

■ PARQUE CENTRAL

La place, agréable et fraîche, grâce à la présence de nombreux manguiers, avoisine la cathédrale dans un quartier datant du XIXe siècle. En face de la cathédrale, endommagée lors du tremblement de terre de 1991, la Casa de Cultura qui date de 1914.

■ MUSÉE HISTORIQUE JUAN SANTAMARIA

Ce musée, qui porte le nom du jeune héros national, présente une reconstitution de la bataille contre William Walker qui envahit le pays en 1856. Expositions temporaires de peintures, de portraits, d'armes…

■ MAYOREO

Chaque vendredi soir et samedi toute la journée, ce marché rassemble des producteurs de fruits et de légumes locaux et des étals de tout et n'importe quoi dans une ambiance festive.

■ BUTTERFLY PARADISE

Les frères Posla sont depuis toujours fous de papillons. Parallèlement à ses études d'architecture, l'aîné, avec l'aide du benjamin, a commencé à élever des chrysalides destinées à l'exportation vers l'Europe. La petite entreprise a pris de l'ampleur. Il a fallu voir un peu plus grand et investir. Leur meilleure idée fut d'ouvrir l'élevage (qui ne ressemble en rien à un élevage en batterie) aux visiteurs pour faire partager leur passion. On pourra ainsi apprendre que chaque espèce a sa plante de prédilection pour se développer et survivre, et que certaines sont capables de se fondre totalement dans leur environnement. Pour apprécier au mieux les papillons, rendez-vous au paradis vers 9 ou 10h quand le soleil réchauffe les ailes engourdies par la fraîcheur de la nuit. Visite chaudement recommandée.

■ DOKA COFFEE TOUR

Bonne alternative au très fréquenté Britt Tour pour tout connaître du café et de la transformation des cerises en poudre odorante. Les plantations de la famille Doka exportent du café bio à destination de la chaîne Starbucks.

■ AMIGOS DE LOS AVES

C'est un centre de secours et de soins spécialisés pour les aras rouges et les aras verts créé par un couple d'Américains Richard et Margot Frisius. De nombreuses naissances témoignent de l'importance de ce centre. Les oiseaux – les jeunes et les autres soignés– sont ensuite réintroduits dans leur milieu naturel.

■ RANCHO SAN MIGUEL

Tous les mardi, jeudi et samedi à 19h30, de magnifiques spectacles équestre sont organisés en tenue castillane d'une

durée de 80 minutes. Le décor est bien fait et l'ambiance agréable.

La Garita

À La Garita, ZooAve et Ojo de Agua sont deux endroits très prisés des Ticos mais un peu moins fréquentés par les touristes. Le premier est sans doute l'un des plus grands zoos aviaires d'Amérique centrale tandis que le second est un parc aquatique.

■ ZOOAVE

Singes, crocodiles, tortues et oiseaux (quelques 60 espèces) sont présents. Un zoo complet avec une touche locale. Quelques animaux sont élevés en vue d'être réintroduits dans leur environnement naturel. C'est le plus intéressant des « ornithoparcs ». Visite recommandée quand on est coincé à San José.

■ EL BOSQUE ENCANTADO

Une forêt enchantée pour les enfants et un restaurant étonnant pour tout le monde. Le restaurant La Fiesta del Maíz est à lui seul une ode à la gloire de ces graminées présentes sous toutes leurs formes : grillées, bouillies, en purée…

La Guácima

La Guácima est l'un des tout premiers lieux à avoir accueilli un élevage de papillons au Costa Rica.

■ THE BUTTERFLY FARM

Cette ferme, qui a ouvert en 1990, est l'un des plus grands lieux d'élevage du monde et l'un des premiers centres d'exportation. On peut y suivre le processus, de la chrysalide jusqu'aux ailes déployées multicolores des très beaux spécimens présentés. Des guides naturalistes vous font parcourir l'exploitation et vous expliquent avec force détails le processus de croissance des papillons. Mais, forte de son succès et de son savoir-faire en matière de communication, la Butterfly Farm est devenue moins accueillante et il est presque impossible de la visiter sans payer le tour complet (les appeler ou voir avec votre hôtel).

© ICT (INSTITUT COSTARICIEN DE TOURISME)

Eaux thermales dans les environs d'Alajuela.

Butterfly Farm et Coffee Tour Café Britt proposent un circuit commun, « L'harmonie champêtre », qui permet de découvrir le café et les papillons. Le tour commence à Barva, au Café Britt et se termine à La Guácima.

Grecia

À l'ouest d'Alajuela, s'arrêter à Grecia pour changer de bus pour Sarchí, la ville des *carretas*, ou pour une petite pause devant l'église rouge sombre dont les pièces métalliques ont été apportées de Belgique en 1890. Située peu avant Sarchí, Grecia est charmante et proprette. Depuis qu'elle a été déclarée « ville la plus propre d'Amérique latine », ses habitants sont particulièrement fiers.

■ PALACIO MUNICIPAL
Un petit musée dans la maison de la Culture ouvre ses portes irrégulièrement pour vous conter les deux cents dernières années de la région.

■ MUNDO DE LOS SERPIENTES (MONDE DES SERPENTS)
Deux copains passionnés ont réuni 250 espèces de reptiles. Vous pourrez y observer le *terciopelo* (particulièrement impressionnant) qui peut sauter deux fois sa longueur et la petite vipère jaune qui peut atteindre 25 cm.

■ LOS TRAPICHES
Une étape artisanale moins connue que Sarchí où se fabrique le *tapa de dulce*, le sucre roux d'Amérique centrale (*trapiche* signifie « moulin », du nom des bœufs qui entraînaient la roue). Vous pourrez tout apprendre sur la fabrication du sucre à partir des cannes à sucre.

Sarchí

Voilà enfin le berceau de la *carreta*, cette traditionnelle charrette colorée, tirée par des bœufs, et que vous avez déjà dû apercevoir dans des vitrines de restaurants ou sur des pelouses. L'origine de cet artisanat vient de la prolifération des tracteurs et autres véhicules dans les campagnes. Courant à la ruine, les fabricants de charrettes eurent l'idée de miniaturiser leur savoir-faire et lancèrent la mode de cet ornement. Sarchí est le centre de cette production et de l'artisanat du bois en général.

■ PLAZA DE ARTESANIA
La rutilante plaza de Artesanía ne se distingue que par son parking aménagé et ses arcades modernes.

■ TALLER LALO ALFARO ET LA COOPERATIVA DE ARTESANIA, COOPE ARSA
Vous devrez traverser la ville pour passer dans la zone nord vous trouverez la plus ancienne fabrique de carretas. Si les cuillères en bois pense-bêtes ou les coupes de faux fruits de bois léger vous font craquer, les banques se trouvent à Sarchí Norte, au-delà du río Trojas (pour le change).

■ ÉGLISE
Voyez l'intérieur de la petite église multicolore : on y retrouve la plupart des motifs peints sur les objets en bois des magasins de Sarchí.

■ MUSÉE DE SALITRAL
Si la passion des *carretas* vous gagne, vous pouvez approfondir votre connaissance en visitant ce musée.

Naranjo

Naranjo se situe à 44 km de San José. La ville compte environ 35 000 habitants répartis sur 126 km².

San Ramón

Pour les visiteurs pressés d'arriver sur la côte pacifique, San Ramón est l'une des étapes qui ponctuent le trajet. Pour les Ticos, la petite ville tranquille est la cité des Présidents et des poètes. En effet, plusieurs anciens présidents de la République, dont Pepe, le père de José Figueres, sont originaires de San Ramón. Certains y résident même. Quant aux poètes, tous les gens que vous croiserez le sont un petit peu.

■ MUSEO HISTORICO

Ce musée célèbre l'histoire locale avec quantité de papiers officiels obscurs et portraits qui finissent par tous se ressembler.

■ MUSEO HISTORICO JOSE FIGUERES FERRER

Un rappel de la guerre civile de 1948. Egalement centre culturel.

■ DON PEDRO'S CIGARS

Expo-vente de cigares cubains et ticos. Centre d'information et organisation de visites.

Forêt nuageuse de Los Angeles

Cette forêt (*Bosque nuboso de los Angeles*) est appelée et classifiée, en français, forêt des Brouillards. Les 800 hectares de forêt appartiennent à un ex-président, Rodrigo Carazo, qui y a aménagé des sentiers parfaits pour d'agréables balades à cheval ou à pied, seul ou accompagné par un guide expérimenté. Randonnées récompensées par de pures chutes

Dans les environs de San Ramón

Palmares, au sud de San Ramón, de l'autre côté de l'Interamericana, est réputé pour ses festivités annuelles qui durent une dizaine de jours au mois de janvier. Comme dans une immense kermesse, les familles se pressent autour de stands divers en attendant le clou de la journée, un défilé costumé (très courant au Costa Rica) ou une corrida où le taureau ne sera jamais tué ni même blessé, ou alors accidentellement.

d'eau. Idéal pour ceux qui ont peu de temps, en tout cas pas assez pour aller jusqu'à Monteverde, plus au nord. Idéal, également, pour les « touristophobes » qui, ici, ne risquent pas de croiser un groupe de congénères en short kaki et en imperméable bleu électrique.

Zarcero

Dernière bourgade au nord du périple d'une journée au départ d'Alajuela, Zarcero fait en réalité partie de la province du Nord. Les jardiniers de cette petite ville agricole de montagne ont le ciseau créatif et, plutôt que de faire la sieste, sculptent les cyprès qui entourent la belle petite église en forme d'animaux, de personnages ou d'on ne sait plus trop quoi – on y a même deviné un hélicoptère. Dans un tout autre domaine, les confitures et les fromages locaux sont excellents. De quoi enrichir votre petit déjeuner du lendemain !

■ BOSQUE DE PAZ (BAJOS DEL TORO)

La forêt de la Paix est une réserve écologique privée.

Parc et église de Zarcero.

Elle vient renforcer le couloir vert entre les parcs nationaux du volcan Poás et Juan Castro Blanco. Federico Gonzáles vous recevra dans son hacienda ecológica Río Toro. Et si vous avez l'occasion de vous promener avec Federico junior, peut-être vous fera-t-il une démonstration de ses talents : il est en effet capable de vous montrer l'endroit où se niche le serpent (odeur forte !).

Atenas

Le village est situé sur le Plateau central à 1 heure de route de la capitale San José sur la route de l'aéroport international Santa María à Alajuela en direction des côtes du Pacifique dont Jacó, Quepos et Manuel Antonio entre autres. Donc un passage incontournable, là ou il ne faut pas que passer mais prendre un peu le temps de se promener. Les paysages y sont très variés, certains sommets percent les nuages, d'autres sont savamment aménagés de cultures dont celle du café ainsi que de nombreux petits vallons parfumés aux nombreuses couleurs saisonnières. On dit de cette région qu'elle possède le meilleur climat du monde. Il suffit d'y séjourner un peu pour le réaliser. Depuis quelques années, de nombreux étrangers s'y installent en permanence où y passent quelques mois en se mêlant harmonieusement à la population locale, ce qui ajoute à ses charmes. La population y est particulièrement charmante et très accueillante, ce qui facilite grandement l'intégration de tous. Le petit centre-ville est particulièrement dynamique. On y retrouve tous les types de commerces et services essentiels à la vie quotidienne. Il suffit de se rendre au magnifique parc central bordé entre autres par l'église fraîchement repeinte et le café Internet, un lieu de rendez-vous exceptionnel. Vous serez donc à proximité du marché central, des boutiques, etc. N'oubliez pas le marché des producteurs locaux du vendredi matin, un incontournable fort coloré. Bien sûr, on y trouve un certain nombre de gîtes offrant diffé-

rentes alternatives pour votre séjour. Les restaurants typiques offrant des menus aussi complets et variés y sont nombreux de même que vraiment pas chers. Durant la saison, chaque quartier du grand Atenas vous invite à participer à sa fiesta d'hommes de chevaux. Les pétards de circonstance vous y convieront certainement.

L'Est et le Sud de la Vallée centrale

À l'ombre de deux colosses volcaniques, cette région, oh combien fertile !, assurait déjà aux populations précolombiennes sa prospérité. Et c'est sans doute pour cela que les populations primitives s'y étaient installées. Aujourd'hui – toujours aussi riche – elle est la terre du café, de la canne à sucre et du macadamia. La province de Cartago, au sud-est de San José, peut se parcourir en une journée au départ de la capitale, qu'on choisisse d'aller jusqu'au volcan Irazú qui domine les vallées verdoyantes et fleuries, de visiter les jardins Lankester, Turrialba et les ríos Pacuare et Reventazón ou le monument national Guayabo. Mais il faudra un peu plus de temps pour s'aventurer jusqu'au parc national Tapantí-Macizo de la Muerte. Le café et le sucre sont les principales ressources de ces magnifiques vallées qui se déroulent comme de véritables jardins.

Cartago

Cartago a été la capitale et le berceau culturel du Costa Rica pendant la période de souveraineté espagnole (jusqu'en 1823). Elle en est maintenant la capitale religieuse et, plus prosaïque-

ment, une des capitales provinciales à l'ambiance plutôt rurale. Fondée en 1563 par Juan Vásquez de Coronado, le conquérant du centre du Costa Rica, la ville ne conserve pas grand-chose de son prestigieux passé : en 1841 et en 1910, de terribles tremblements de terre ont en effet détruit tout ce qui en faisait une cité historique. Seules les ruines (*las ruinas*) inaccessibles de la parroquia Santo Bartolomeo fondée en 1575 et dont la reconstruction fut interrompue après le séisme du 4 mai 1910, rappellent les splendeurs d'autrefois.

■ **BASILICA DE NUESTRA SEÑORA DE LOS ANGELES**
La basílica est l'église la plus célèbre du Costa Rica, le sanctuaire où les pèlerins rendent hommage à la sainte patronne du pays, Notre-Dame des Anges (en version originale : *Nuestra Señora de los Angeles*), plus simplement appelée « la Negrita ». Une statuette de la Negrita fut découverte en 1635 par une jeune paysanne, et les guérisons miraculeuses qui suivirent furent à l'origine du pèlerinage qui, chaque année, le 2 août, voit des centaines de fervents marcher de San José à la basílica de Cartago (22 km) et parcourir les derniers mètres à genoux. Dans ce sanctuaire de style byzantin hispano-mauresque reconstruit en 1926, des médailles en forme du membre guéri, exposées dans des vitrines en guise d'ex-voto, témoignent de la réalité des miracles accomplis par la Negrita. Il faut jeter un coup d'œil sur l'intérieur en bois chaleureusement orné de la basilique, et si possible durant une célébration quelconque, afin d'admirer les vitraux et le jeu de couleurs épaissi par l'encens généreusement brûlé.

■ **MUSÉE ETHNOGRAPHIQUE**
Expose des objets précolombiens et coloniaux.

■ **MUSÉE INDIEN KURITI D'HISTOIRE NATURELLE**
Ce centre culturel retrace l'histoire des Indiens de la région, leurs coutumes, leur connaissance des plantes, leurs légendes ou leur cuisine. Très intéressant.

Le volcan Irazú et le parc national

À 31 km au nord-ouest de Cartago, l'Irazú, qui culmine à 3 432 m d'altitude, est un volcan actif au lourd passé éruptif. Ses éruptions sont accompagnées de nuages de vapeur et de lourds jets de cendres, de scories ou de pierres plus ou moins grosses. La terre tremble et émet des grondements sourds. La première éruption connue remonte à 1723 et la dernière, qui date de 1963, a commencé le jour même où le président Kennedy vint rendre visite au Costa Rica. Ensuite, les habitants de la région ont dû se protéger pendant deux ans des cendres crachées par le volcan. Ses derniers sursauts datent de 1991 et 1994 lorsqu'un pan s'est effondré en direction du río Sucio. Seules quelques fumerolles sont actuellement visibles ; encore faut-il pouvoir les différencier des cendres balayées par le vent.

→ **Au sommet de l'Irazú, on trouve cinq cratères :** le principal présente un paysage lunaire sur 1 050 m de diamètre, le Diego de la Haya ; le second abrite un lac sulfureux, et les autres, de moindre importance, sont situés de chaque côté du cratère principal.

→ **Le terrain autour du volcan** est dénudé, seul le myrte pousse dans les environs immédiats des cratères. La faune est tout aussi pauvre en dehors du *volcano junco*, un oiseau qui niche dans les buissons qui couvrent le cratère Playa Hermosa. Le parc national de 2 309 hectares a été créé en 1955 pour protéger la faune et la flore déjà fragilisées par les retombées de cendres. On peut cependant apercevoir des lapins, des coyotes, des porcs-épics

Basilique Nuestra Señora de los Angeles à Cartago.

Cratère du volcan Irazú.

ou des tatous et, parmi les oiseaux, la chouette brune, entre autres.

→ **L'ascension jusqu'aux lugubres cratères** vaut vraiment la peine et vous ouvrira de superbes vues sur la Vallée centrale. À partir du parking, au sommet du volcan, un sentier longe le premier cratère et mène aux plus petits. Par beau temps, il serait possible d'apercevoir les deux océans, mais à moins de s'y rendre à la pointe du jour entre janvier et avril, l'occasion est rare. Prévoyez des vêtements pour vous protéger des cendres et pour échapper à la sensation de froid quand vous sortirez du car ou de la voiture. Nous sommes à près de 3 500 m d'altitude et le vent est violent. De la route sur votre gauche, en descendant du volcan, vous pourrez admirer le volcan Turrialba – à condition que le ciel soit dégagé, ce qui est, encore une fois, assez rare.

Paraíso et la vallée d'Orosí

La vallée d'Orosí, dont le fond est noyé sous un lac de retenue fermé par le barrage de Cachí, au sud-est de Cartago,

est une merveille. La végétation, dominée par le vert lumineux inimitable des caféiers, s'ordonne d'elle-même à force d'exubérance et de variété en un véritable jardin. La petite ville de Paraíso, à 8 km au sud-est de Cartago, en est la porte d'entrée.

■ JARDINS BOTANIQUES LANKESTER

Le très connu jardin botanique Lankester a été conçu afin d'aider à la conservation des plantes épiphytes tropicales du Costa Rica. Créé dans les années 1950 par le naturaliste anglais Charles Lankester, il appartient maintenant à l'Université du Costa Rica. Sur les 10,7 hectares de jardin, vous découvrirez orchidées, broméliacées, aracées (philodendrons), cactées, zingibéracées (gingembres et costus), musacées (bananiers), bambous ou fougères. La palme revient tout spécialement aux orchidées : les jardins Lankester en comptent plus de 800 espèces différentes sur les 1 400 connues au Costa Rica.

© STÉPHANE SAVIGNARD

Orchidées des jardins botaniques Lankester.

Possibilité de suivre de courts stages pour apprendre à reconnaître et à prendre soin des orchidées.

■ MIRADORS D'OROSÍ OU D'UJARRAS

Il ne faut pas manquer de s'arrêter au moins quelques minutes aux miradors d'Orosí ou d'Ujarrás, avec vue sur la vallée d'Orosí.

■ RUINES DE L'ÉGLISE D'UJARRAS

Sa construction a débuté en 1570, suite à une apparition de la Vierge sur les rives du río Reventazón qui aurait permis de repousser une bande de pirates venus se perdre à l'intérieur des terres, et elle fut reconstruite entre 1681 et 1693, avant d'être abandonnée en 1833, à la suite d'inondations qui dévastèrent le village. Elle fut déclarée monument national en 1920 et restaurée en 1975. Devant la beauté du paysage escarpé,

on ne peut s'empêcher d'admirer la clairvoyance des missionnaires dans le choix de l'emplacement des lieux de culte, même s'il n'y a pas grand-chose à découvrir au milieu des ruines de cette petite église, sinon la signature de précédents visiteurs. Le petit parc de l'église, adorable, est entretenu avec amour par le gardien et jardinier. Allez-y plutôt à l'heure du déjeuner quand les groupes de touristes sont attablés ailleurs. Le dimanche le plus proche du 16 avril, une procession quitte Paraíso pour porter la Vierge jusqu'aux ruines.

■ MUSÉE

Près de l'église de Paraíso, ce petit musée regroupe des objets rappelant la petite église d'Ujarrás et les Indiens de la région.

■ LAC ARTIFICIEL DE CACHÍ

Le barrage date de 1962. Sur la route entre le río Palomo et le village de Cachí, une étrange maison de bois de caféier et de bambou se niche sur la gauche, dans un virage. C'est la casa del Soñador (maison du Rêveur), celle rêvée par le sculpteur Macedonio Quesada, artiste renommé, mort en 1995. Arrêtez-vous pour y délirer un peu en compagnie de ses fils. Vous découvrirez également la Casona del Cafetal, restaurant au bord du lac, nichée au cœur d'une plantation de café dont la cuisine traditionnelle du pays laisse un excellent souvenir.

■ ÉGLISE ET MUSÉE D'OROSÍ

Contrairement à Cartago, et malgré les tremblements de terre, la petite ville d'Orosí dont le nom vient d'un chef huetar de l'époque de la conquête, a conservé quelques-uns de ses anciens édifices. Son église coloniale San José du début du XVIIIe siècle en est un exemple admirable ; c'est l'une des plus anciennes églises encore en service.

Ruines de l'église d'Ujarras.

■ **MUSÉE D'ART RELIGIEUX ET D'ANTIQUITÉS COLONIALES**

À côté de l'église, ce petit musée présente des objets du XVIIe siècle ayant appartenu à la colonie espagnole de l'époque, des temps des *conquistadores*. Il occupe les locaux d'un ancien monastère franciscain.

■ **BALNEARIOS TERMALES OROSÍ**

Possibilité de se baigner dans une piscine alimentée par des eaux thermales.

Refuge national Tapantí

Son nom complet est le refuge national de la vie sylvestre de Tapantí. Cette réserve des contreforts nord de la cordillère de Talamanca, qui fait maintenant partie du parc national Tapantí-Macizo de la Muerte, protège quelque 6 000 hectares de *rainforest* difficiles d'accès. Son altitude varie de 700 à 2 560 m. Deux zones de vie s'y trouvent : la jungle humide basse et celle du piémont. C'est l'un des sites les plus pluvieux du Costa Rica (de 3 200 à 7 000 mm par an). Le parc est habité par 45 espèces de mammifères, 260 espèces d'oiseaux, 28 espèces de reptiles et 28 espèces d'amphibiens. Formidable destination pour les amoureux de la nature, le parc de Tapantí présente un double avantage : une grande diversité de flore et de faune et une fréquentation basse.

Avant d'arriver au parc, vous remarquerez un petit chemin qui mène au Kirí Lodge. Celui-ci, véritable havre de paix, dispose de quelques chambres propres et agréables. Une belle étape pour les passionnés de pêche à la truite qui se retrouvent à Purisil !

Rivière dans le refuge national Tapantí.

Turrialba

La petite ville florissante, centre de ralliement des amateurs de rafting qui glissent sur les eaux des ríos Pacuare et Reventazón, fait partie de la région géographique liée à la côte caraïbe. Mais comme elle peut faire l'objet d'une excursion d'une journée au départ de San José, nous avons sans vergogne modifié les frontières régionales pour l'inclure dans la Vallée centrale. Étape importante sur l'ancienne route menant à la mer, Turrialba (650 m d'altitude) a failli tomber dans l'oubli après la construction de l'autoroute San José-Limón. Cette ville de tradition agricole de 30 000 habitants, également connue pour sa manufacture de balles de base-ball, est heureusement située à proximité des ríos Reventazón et Pacuare, des rivières découvertes par les pionniers des sports en eau vive. Depuis, la région est devenue un centre international d'entraînement. L'autre attrait de Turrialba est d'être au pied du volcan du même nom et à proximité du lago Angostura, un lac artificiel récent qui retient les eaux du río Reventazón tout en ayant amoindri la force de ses courants, au grand désespoir des rafteurs. Tout près de là, le chantier archéologique, malheureusement fermé au public, met au jour des traces d'habitat humain remontant à plus de 11 000 ans, alors que d'autres sites précolombiens ont été noyés sous les eaux. Un petit musée a été ouvert grâce au soutien de l'ICE (l'EDF local).

■ CENTRO AGRONOMICO TROPICAL DE INVESTIGACION Y ENSEÑANZA (CATIE)

C'est un centre de recherche et d'application, mondialement reconnu et financé par une dizaine de pays d'Amérique latine, sur les cultures tropicales dans les meilleures conditions environnementales possibles. Le centre est à 5 km à l'est de Turrialba sur la route de Siquirres, l'ancienne autoroute vers Limón, et comme il est consacré également à l'éducation, ses responsables invitent les visiteurs à faire le détour pour visiter les installations et les expositions temporaires.

■ MUSÉE RÉGIONAL OMAR SALAZAR OBANDO

Les amateurs d'artisanat précolombien préféreront ce musée, géré par l'uni-

Le café

Le sol acide d'origine volcanique et l'altitude de la Vallée centrale sont deux conditions favorables à la culture du café du type arabica (Coffea arabica de la famille des rubiacées). Introduit au Costa Rica en 1791 et exporté dès les années 1810, le café a joué et joue toujours un grand rôle dans l'économie du pays. Les cerises de café sont prêtes à être cueillies (à la main, ce qui est un gage supplémentaire de qualité) lorsqu'elles sont rouges, entre octobre et janvier. La récolte est ensuite collectée dans les centros de acopio de chaque village où elle est nettoyée de toute saleté. On sépare ensuite les cerises rouges des vertes, traitées pour autre chose. On enlève la pulpe des cerises rouges avant de laver soigneusement les graines pour empêcher toute contamination. Séchées, elles perdent alors jusqu'à 80 % de leur humidité. Une fois secs, les grains de café sont triés selon trois niveaux de qualité puis empaquetés avant d'être acheminés vers les centres de torréfaction et les distributeurs. Dans les magasins, mieux vaut acheter du café estampillé Café puro, le Café tradicional contenant jusqu'à 10 % de sucre.

versité du Costa Rica et installé dans l'enceinte de l'université de Turrialba.

■ **HACIENDA REAL**

Cette *finca* de café, gérée par Jorge, un charmant costaricien, vous donnera tous les secrets de ce nectar que l'on met deux minutes à déguster et qui pourtant nécessite une attention toute particulière, une récolte soignée et une sélection appropriée. Située à une dizaine de kilomètres de Turrialba (suivre les panneaux de la casa Turrire, elle se situe non loin), vous saurez tout sur cette boisson si appréciée dans nos contrées et vous vous rendrez ainsi compte du travail de fourmi qu'il a fallu pour que vous puissiez la déguster. Après un rapide tour de la *finca* et quelques précieuses explications sur l'utilité de chacune des plantes présentes aux alentours des caféiers, direction la *finca* elle-même pour approcher les subtilités des différents « grains d'or ». Tous les moyens de désherber, d'enrichir la terre, d'éloigner les parasites sont abordés… Puis une fois près des machines, Tyrone (le guide), vous en apprendra de belles sur l'ingéniosité des costariciens qui ont inventé les machines servant à sélectionner, à trier, à laver et à sécher les grains avant de les griller. Evidemment, dégustation en suivant, et visite de la boutique pour s'apercevoir qu'avec du café, on fait aussi bien du parfum, du papier que de la liqueur ou des bougies !

Volcan Turrialba

Voisin de l'Irazú, il mesure 3 328 m. Il n'est pas actif au sens propre, mais il se dégage en permanence des fumerolles et de l'air chaud chargé de soufre. Trois cratères, le premier – le plus ancien – est complètement bouché, le second est recouvert au

Volcan Turrialba.

fond d'une couche blanchâtre, un peu bleutée, de sédiments et de sel. Il se dégage de l'air chaud. Le troisième, d'où se dégagent beaucoup de fumerolles, est interdit à la visite. L'ensemble comprend un chaos de roches et de pierres dont quelques-unes sont composées de plusieurs minéraux. Les 3 cratères du volcan Turrialba, entouré d'un parc peu fréquenté, semblaient profondément assoupis depuis sa dernière éruption en 1866, mais on y enregistre depuis peu une faible activité. Qu'importe, il y a toujours de très belles promenades à faire sur ses flancs ! Pour s'y rendre, il est recommandé de le faire à partir du Volcan Turrialba Lodge (5 heures à cheval, puis la fin à pied, départ à 8h du matin).

Monument national Guayabo

Situé à 19 km au nord de Turrialba en direction de Santa Cruz et de Pacayas, le site archéologique de Guayabo est protégé depuis les importantes découvertes archéologiques qui y ont été faites. Certains archéologues n'hésitent pas à les comparer aux vestiges de la civilisation de Copán au Honduras. Entre l'an 1000 avant notre ère et au plus tard 1400 ans après J.-C., date à laquelle la ville fut abandonnée, Guayabo devait compter quelques 5 000 habitants répartis autour de son centre, actuellement dégagé. Aujourd'hui, on peut voir des sortes de monticules qui servaient de fondations aux maisons, des gradins et des plans inclinés qui mettaient à niveau les chaussées et les planchers des habitations, des trottoirs pavés et un réseau d'aqueducs en partie à ciel ouvert (et encore en état de fonctionnement). Sur les pierres, les sculptures animalières, bien conservées, représentent des félins ou des oiseaux de la forêt alentour. Un belvédère offre une vue d'ensemble des fouilles. Mais il faut beaucoup d'imagination pour reconstituer la cité telle qu'elle devait exister et la visite peut s'avérer décevante !

Río Reventazón

Long de 152 km, le Reventazón a de tout temps été très fréquenté. Avant les colons, les Indiens y pêchaient le bobo, poisson au goût exquis, mais appartenant à présent au domaine du souvenir. La rivière prend sa source au niveau de la retenue de Cachí puis dévale les montagnes pour se jeter dans l'Atlantique après avoir traversé les plaines de l'est du pays à travers des paysages magnifiques, difficilement accessibles sinon par voie d'eau. La rivière est particulièrement favorable au raft ou au kayak. Les passages sont très variés, certains sont de classe III ou IV dans le barème international. Pendant la saison sèche, l'expérience est relativement facile. La construction du barrage en amont du CATIE qui a présidé à l'apparition du lago Angostura a dénaturé le río Reventazón où d'autres formes de loisirs font leur apparition.

Río Pacuare

Après le Reventazón, le Pacuare est l'autre haut lieu des sports en eau vive, et le plus sportif. Mais là aussi, tout dépend encore de la saison. En fin de saison sèche, la tendance est plutôt à l'échouage. En revanche, en fin de saison des pluies et au début de la saison sèche, le rafting peut être un sport spectaculaire avec moult décharges d'adrénaline. Les paysages traversés par le río Pacuare y sont tout aussi impressionnants (si on a le temps d'y prêter attention entre les épreuves infligées par les courants quelquefois de classe IV). Fort heureusement, de temps à autre, les eaux se calment. Il n'y a plus alors que vous et les parois des canyons, les débordements de la forêt pluvieuse et le bleu du ciel, loin au-dessus et si calme. Du fait de la difficulté d'accès, il vaut mieux prévoir plusieurs jours pour vivre l'expérience. L'hébergement est assuré sous des tentes en bordure de la rivière ; le temps libre peut s'organiser autour d'explorations d'affluents du Pacuare qui s'y jettent en cascades. Le projet de construction d'un barrage sur la rivière est à l'étude, mais les organisations de protection des rivières se déchaînent. Le débat est toujours délicat.

Rafting sur le rio Pacuare.

Monument national Guayabo.

Cours d'eau au monument national Guayabo.

La région caraïbe

Une côte plate, rectiligne et sablonneuse de près de 200 km du Nicaragua au nord, au Panamá au sud, telle apparaît physiquement la région caraïbe. La forêt tropicale, en partie vierge, descendant des flancs orientaux de la cordillère de Talamanca, prospère jusqu'au bord du littoral notamment au nord – Tortuguero – et au sud. La population noire, originaire des proches îles Caraïbes lors de la mise en valeur de cette région il y a plus d'un siècle, lui a apporté une culture différente, lui offrant ainsi une touche exotique métissée unique au Costa Rica.

L'Ouest de la région caraïbe

Guápiles

Partout poussent des bananiers sur leur monticule de terre. À la base de chaque tronc, vous remarquerez un autre tronc pourrissant : le bananier ayant produit un régime est aussitôt remplacé par un nouvel arbre. Les sacs bleus qui entourent chaque régime les tiennent au chaud, tout en les protégeant des insectes et en conservant l'éthylène dégagé par la maturation des fruits. Au moment de la récolte – qui intervient bien avant que le fruit ne soit mûr –, les régimes, encore enveloppés de leur sac bleu, sont chargés sur des plateaux tirés par des petits tracteurs puis amassés sur des aires spéciales avant d'être envoyés vers la côte. Les plantations de bananes ont toujours occupé une place prépondérante dans l'économie costaricaine, mais les compagnies fruitières sont de plus en plus critiquées par les ligues écologistes, après avoir été attaquées par les syndicats ouvriers. Trop de terres ont été défrichées pour faire place aux bananiers et les planteurs usent et abusent de produits en « -ide » pour augmenter la production au mépris de l'environnement et de la santé. Il semble qu'un changement se dessine, sensible depuis certaines discussions internationales qui pourtant n'arrangent pas les affaires bananières du Costa Rica (accords de l'OMC).

© STÉPHANE SAVIGNARD

Les parcs de la région caraïbe permettent de rencontrer la faune locale.

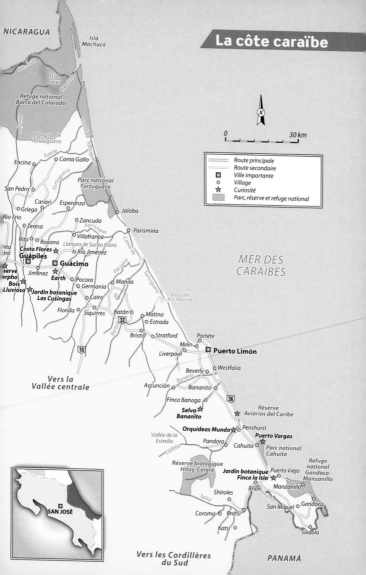

La côte caraïbe

Guácimo

En continuant sur l'autoroute, cette petite ville au bord de la route est connue des automobilistes pour sa station-service ouverte en permanence (sur la gauche en venant de San José), mais plus encore pour son Ecole d'agriculture tropicale fréquentée par des étudiants originaires de tous les pays d'Amérique latine concernés par le climat spécifique des tropiques. Profitez-en également pour visiter la ferme horticole Costa Flores près de Guácimo, l'une des plus grandes exploitations du monde : on y cultive environ 600 variétés de fleurs destinées à l'exportation. Evidemment, il est possible d'acheter des graines ou des oignons de fleurs. La visite guidée n'a pas lieu en cas de pluie (routes mauvaises).

Siquirres

Le géant de la banane Dole organise des visites de ses plantations La Esperanza, mais le tarif est un peu élevé. Sinon, on se rend à Siquirres juste pour la gare, qui ne sert plus depuis la fermeture de la ligne en 1991, pour rêver du train de la jungle hélas disparu – du moins en ce qui concerne le transport de voyageurs. Cependant, il est possible de s'en faire une idée en effectuant le circuit organisé au départ de Siquirres qui est également la porte d'entrée du parc national Barbilla, une réserve de 12 000 hectares au nord de la réserve indigène de Chirripó.

Pacuare

Le refuge naturel Pacuare, à proximité du village de Matina qui se trouve à l'écart de la route 32, avant d'arriver à Limón, protège sur 800 hectares des plages où viennent pondre et nidifier des tortues luth entre mars et juin et des tortues vertes entre juin et août. Séjours d'au minimum une semaine et possibilité de participer à un programme de bénévolat.

Le Nord de la région caraïbe

La grande région qui s'étend au nord de Limón, à peu près, à partir de Boca del río Pacuare (embouchure du río Pacuare), fait partie de la « fosse du Nicaragua », une vaste plaine alluviale inondée par les deltas des rivières qui y aboutissent. Les précipitations (plus de 6 000 mm/an) représentent l'une des plus fortes pluviométries du monde. Les vagues reliefs qui séparent les canaux sont les restes d'un archipel d'origine volcanique. C'est donc en bateau que l'on se déplace dans une région presque complètement dépourvue de routes. Si certaines voies navigables secondaires ont toujours existé, on a creusé à partir de 1974 d'autres canaux pour les relier et pour mieux desservir cette région reculée ; il a fallu attendre 1982 pour qu'un générateur fournisse en électricité le secteur. Un canal, formé de lagunes et de fleuves, quitte Moín en longeant la côte, sur 120 km, jusqu'à l'embouchure du río Colorado, juste avant Barra del Colorado, dernier village avant le Nicaragua, et dessert Parismina, Caño Blanco – l'embarcadère pour ceux qui viennent par « la route » – et la ville de Tortuguero. Il croise tous les fleuves et les rivières qui se jettent dans la mer à leur embouchure, comme Boca del río Matina, Boca del río Pacuare, Boca del río Parismina, Boca del río Tortuguero et enfin Boca del río Colorado. C'est un spectacle de voir ces bocas affronter les rouleaux de l'océan.

Parismina

Sur l'embouchure de la rivière du même nom et du río Reventazón, ce petit village est bien souvent la première halte quand on arrive de Moín qui se trouve à une cinquantaine de kilomètres plus au sud. En bordure du parc de Tortuguero, c'est également un point de ralliement très connu des pêcheurs de rivière, amateurs des combatifs tarpons. Ici, on pêche pratiquement toute l'année les thons jaunes, les barracudas, les wahoos et, bien sûr, les tarpons.

Parc national de Tortuguero

Au XVIIe siècle, quand les Espagnols cultivaient le cacao sur cette côte, la viande de tortue était utilisée pour nourrir les marins pendant la traversée de l'Atlantique. Au début du XXe siècle, la mode des soupes à la tortue et des objets en écaille causa un tort immense à l'espèce, qui avait presque disparu au début des années 1950. À cette époque, le fondateur de la Caribean Conservation Corporation, Archie Carr, s'émut du sort de la tortue verte qui, chaque année, venait entre juillet et décembre pondre sur ces plages. Son travail aboutit finalement à la création de la zone de protection de l'espèce devenue, depuis 1970, le parc national de Tortuguero. En plus d'une administration, Carr établit un programme d'éducation de la population locale qui vivait jusque-là de la pêche des tortues. Les pêcheurs devinrent guides et experts pour repérer la faune et suivre son évolution.

→ **Sillonner quelques canaux,** surtout les secondaires, s'avère très intéressant tant pour le calme qui règne sur ces lieux vierges que pour la quantité d'animaux que l'on peut apercevoir dans un environnement préservé : petits crocodiles qui se confondent avec les débris de bois, tortues qui plongent au passage de la barque, singes paresseux qui, suspendus aux branches, ne s'émeuvent de rien, oiseaux multicolores, dont un à brassard rouge fluo, qui s'envolent au moindre son…

VISITE

La région caraïbe

Observation matinale de la faune et de la flore sur les canaux du parc national de Tortuguero.

La flore du parc n'est pas moins riche et variée que sa faune. Tortuguero abrite 11 habitats différents avec, en termes de biodiversité végétale, plus de 2 000 espèces de plantes et 400 d'arbres. Concernant les animaux peuplant ce parc, on trouve 309 espèces d'oiseaux, 111 de reptiles, 57 d'amphibiens, enfin 60 de mammifères.

→ **Le parc national de Tortuguero** est un immense domaine lacustre. Son enchevêtrement de canaux, de marais et de rivières en fait une petite Amazonie, en plus des 35 km de plage.

→ **Quatre espèces de tortues** viennent pondre sur cette plage : les tortues *leatherback* (celles d'Ostional) entre février et juillet, les vertes et les *hawksbill* entre juillet et octobre ; quant aux *loggerhead*, elles n'ont pas de saison propre et sont rares ici. Toutes, et particulièrement les vertes, sont observables dans les canaux proches de la mer.

Tortue dans le parc national de Tortuguero.

→ **La plage de Tortuguero** n'est absolument pas indiquée pour la baignade et le surf. Les vagues sont puissantes et « désordonnées », et l'on y a aperçu des requins. On peut marcher sur la plage pendant 5 km vers le nord ou pendant 32 km vers le sud. Pour les moins courageux, quelques petits sentiers, aménagés plus qu'entretenus, partent de la station dans la verdure. Tortuguero est une zone de forêt tropicale humide ; la moyenne annuelle des précipitations est de 6 000 mm. La saison sèche n'est pas bien définie, les mois les plus secs sont février, mars, avril et septembre.

■ VILLAGE DE TORTUGUERO

À la limite nord du parc national de Tortuguero, sur le bras de terre entre le canal principal et la mer, ce petit village de 600 habitants, sympathique, organise (lui aussi) sa vie autour des tortues et de la plage. La plupart des habitants vivent du tourisme, de la pêche ou du parc sans aucun excès désagréable et il semble que tout aille pour le mieux dans cet arrangement orchestré par la nature.

■ CASA VERDE

C'est la station de recherches autour de laquelle tout tourne, si vous souhaitez en savoir plus sur les tortues vertes. Elle fut fondée en 1954 par Archie Carr, qui fait autorité en matière de protection de cette espèce autrefois menacée. Pour vous y rendre, prenez un bateau vers le nord ou suivez le sentier qui longe la mer (4 km). Une fois sur place, vous pourrez planter votre tente ou dérouler votre sac de couchage sous l'abri ou sur l'une des couchettes du dortoir. Il est préférable de téléphoner au préalable. Les places sont destinées en priorité aux chercheurs et aux étudiants.

© STÉPHANE SAVIGNARD

Village de Tortuguero.

Barra del Colorado

Barra del Colorado, avec ses 92 000 hectares, est le plus grand refuge, presque un parc, mais reste très peu connu du fait de son éloignement et des centres d'intérêt moins spectaculaires que ceux de son puissant voisin, Tortuguero. Les zones nord et sud du refuge sont les plus fréquentées. La première, les environs d'Isla Calero, est accessible de Puerto Viejo par bateau en suivant le río Sarapiquí puis le San Juan ; la seconde jouxte et se confond presque avec le parc national de Tortuguero. Les alentours du village de Barra del Colorado, à l'embouchure du río Colorado (d'où son nom), sont connus des pêcheurs qui viennent ici pour le tarpon. La zone occidentale est sujette à discussions entre les partisans de son développement, notamment des voies de communication, et ceux qui préféreraient qu'on l'épargne. Actuellement, un semblant de route relie Puerto Lindo sur le río Colorado à Cariarí.

Le centre de la région caraïbe

Le centre de cette côte caraïbe est occupé par le port de Limón et son extension Moín. C'est ici, à l'île La Uvita, que Christophe Colomb débarqua le 18 septembre 1502, faisant de Limón – si l'on excepte le site précolombien de Guayabo – le plus ancien territoire du Costa Rica. Limón la nonchalante semble endormie, quelque peu oubliée de tous, et offre une allure un peu triste aux voyageurs. Mais elle veut rebondir, les bateaux de croisière accostent désormais et les pouvoirs publics restaurent la ville.

Moín

À 8 km de Puerto Limón, Moín souffre un peu de la proximité de cette dernière et paraît plutôt être sa banlieue portuaire. C'est d'ailleurs uniquement son port qui vous a attiré jusqu'ici.

Moín est le meilleur point de départ pour sillonner les canaux de Tortuguero sans avoir à attendre des heures l'arrivée hypothétique d'un bateau qui veuille bien vous embarquer. Dans les années 1970, de vieux rafiots longeaient la côte jusqu'aux embouchures des rivières, puis des barques prenaient le relais pour desservir la région parcourue par une multitude de canaux naturels. En 1974, de nouvelles voies d'eau furent creusées pour relier les anciens canaux et en faire un véritable réseau navigable. Venise avant les palais… Pour embarquer sur un bateau qui remonte vers le nord, mieux vaut se rendre au port tôt le matin et s'enquérir des départs. Le quai se trouve au bout du port, sur la gauche en arrivant, près d'un poste de gardiens. Si vous craignez de rater les plus intéressants, mieux vaut venir la veille vers 17h, au retour des bateaux. L'aller dure plus longtemps que le retour parce qu'on s'arrête sans cesse pour les photos et les explications.

Playa Bonita

Sur la pointe entre Limón et Moín, belle plage de sable balayée de puissantes vagues idéales pour le surf, mais qui rendent la baignade dangereuse. Elle est d'ailleurs le théâtre d'un championnat annuel recherché.

Puerto Limón

Puerto Limón, mais tout simplement appelé Limón, est une ville colorée et nonchalante à l'extrême. Elle est très différente des autres villes du Costa Rica. Ici, le reggae s'échappe des sodas et le salut devient « hi » ou « all right ». Les descendants des Jamaïcains, qui étaient venus en masse au XIXe siècle pour travailler sur le chantier du che-

min de fer ou dans les bananeraies, continuent à parler anglais, mais un anglais très mâtiné d'espagnol et plutôt informel. Les avis sont très partagés sur les qualités touristiques et l'intérêt de Limón et la plupart des guides recommandent de l'éviter. Néanmoins, vous pouvez y faire un petit tour et découvrir le *mercado*, la rue centrale – piétonne et bien animée –, la place Vargas et ses grands arbres, le point de contact avec la mer avec quelques aspects de décrépitude. Promenez-vous le long de la digue qui longe la mer. De quoi sentir un autre Costa Rica avec un petit quelque chose de plus chaleureux que la côte pacifique, mais qui peut aussi être plus inquiétant. On parle d'agressions, de trafics en tout genre, de prostitution, de saleté… C'est vrai, les baraques de bois à quelques centaines de mètres du marché couvert, et les entrées d'immeubles dans le centre-ville sont un peu décrépies. Mais la peinture ne tient pas longtemps sous ce climat chaud et surtout humide. Tout cela fait le charme de Limón, si éloignée de la propreté pimpante des villages de la Vallée centrale. On retrouve la même indolence dans l'organisation de la ville. Les rues sont très rarement marquées, et si quelquefois elles le sont, les plaques ne sont pas des plus fiables ; elles semblent avoir été posées là, histoire de meubler un coin de rue. Pour se repérer, le mieux est de prendre comme point de départ le *mercado*, un marché couvert très vivant autour duquel tout se passe. L'avenida 2, très commerçante et animée, s'étend entre le marché et le parque Vargas aux palmiers géants. Du parque, une digue, le Boulevard ou paseo Juan Santamaría, longe la côte rocheuse jusqu'au nord-ouest de Limón.

Parc central de Puerto Limón.

Pendant le carnaval de Puerto Limón.

Puerto Limón.

Faune locale aux couleurs chatoyantes.

Buvette sur la plage de Puerto Limón.

Le carnaval de Puerto Limón

C'est certainement l'une des premières raisons de se rendre à Puerto Limón... Historiquement, l'origine du carnaval remonte aux fêtes saturnales de l'Empire romain. La célébration du carnaval date de la conquête espagnole, époque où les colonisateurs l'importèrent en Amérique. À l'origine, les deux périodes de sa célébration correspondaient aux jours précédents le Carême et le solstice d'été. Aujourd'hui, les dates coïncident avec le 12 octobre, fête de Christophe Colomb (el Día de la Raza).

Le carnaval est avant tout une fête populaire où l'improvisation collective joue un grand rôle. Toutes les classes de la société y participent. L'atmosphère de fête qui règne en permanence dans tout le pays y trouve son apothéose. Les masques et les costumes rappellent les traditions et les coutumes du passé, un passé aux racines africaines et espagnoles dont les différences culturelles se reflètent dans les groupes, ou comparsas, qui défilent devant vous. Les habitants de la ville et les visiteurs venus de tout le pays paradent dans les rues, vêtus de costumes scintillants et vivement colorés, et marchent au rythme des grosses caisses, des tambourins, des maracas, des sifflets, des casseroles et des poêles... Tout ce qui peut faire du bruit d'une façon un tant soit peu harmonieuse est bien accueilli. Ici, la salsa ou tout autre rythme caraïbe mènent la danse de ces réjouissances qui peuvent durer plusieurs jours.

Ne perdez pas de temps à chercher le petit musée ethno-historique (a2, c4, au dessus du Correos), il n'existe plus. Et c'est bien dommage, c'était le seul musée de Limón...

Le Sud de la région caraïbe

Arriver en vue des eaux caraïbes, c'est un peu changer de pays, encore une fois. Tout devient plus touffu, exubérant, voire désordonné. Cela peut être un choc après un séjour sur la côte pacifique, mais on trouve bien vite ses repères dans ce nouveau monde. La région est l'une des plus métissées du Costa Rica, des Indiens Bribrí aux pâles Européens qui s'y installent en masse, attirés par la « cool attitude ». Mais ce sont surtout les Jamaïcains, arrivés pendant la première moitié du XIXe siècle, qui ont imprimé leur marque sous les cocotiers et les bananiers.

En route vers le Sud

Du fait de son isolement et du manque d'infrastructures, la région sud de la côte caraïbe est longtemps restée à l'écart des destinées du Costa Rica. Il a fallu attendre la fin des années 1970 pour qu'une route la relie à Limón, 1986 pour que la fée électricité fasse briller les ampoules. C'est certainement pour cette raison que la culture afro-caraïbe y est restée si forte. Il n'y a pas si longtemps – avant une campagne d'hispanisation, il y a à peine 30 ans, et l'arrivée massive d'ouvriers hispanophones dans les plantations –, Puerto Viejo s'appelait encore « Old Harbour » (vieux port), Punta Uva « Grape Point » et Manzanillo « Manchineel ». Les 120 premiers Jamaïcains sont arrivés au milieu du XIXe siècle. Ils ont été appelés à travailler sur les plantations qui commençaient à se développer grâce au chemin de fer qu'il fallait terminer.

Protection des paresseux au refuge naturel Aviarios del Caribe.

Ils sont donc arrivés par le Panamá. D'origine africaine, ils l'ont apporté avec eux et conservé leur culture (alimentation, religion, etc.) teintée d'habitudes anglaises (langue ou musique) et développé la culture du cacao, de la noix de coco et celle des agrumes. Quant aux Indiens – Bribrí, Cabecar et Kekoldi qui appartiennent tous au bassin culturel amazonien, on les rencontre plutôt à l'intérieur des terres, près de Puerto Viejo (Kekoldi) ou plus loin dans la vallée de Talamanca. Pour conserver au mieux leur culture, ils se sont regroupés au sein d'associations éco-touristiques très intéressantes.

■ REFUGE NATUREL AVIARIOS DEL CARIBE

Un arrêt est recommandé au refuge naturel Avarios del Caribe, à 31 km au sud de Limón. Il s'agit d'une petite île de 88 hectares, rattachée à la rive du río Estrella depuis le tremblement de terre de 1991. C'est un refuge pour les paresseux (non pas les grands, mais ces petits mammifères si touchants). Ce refuge créé par Judy et Luís devrait évoluer et se transformer en centre de recherches privé sur les paresseux. Des contacts pris avec des universités étrangères et costaricaines sont en cours et doivent aboutir prochainement. Ce refuge est reconnu : en effet, les gens aux alentours amènent des bébés paresseux orphelins et voués à la mort. Judy les soigne et les nourrit. 320 espèces d'oiseaux y ont été recensées, mais, comme disent en riant les propriétaires du sanctuaire : « Ils n'ont pas tous été comptés ! » Plusieurs excursions sont proposées. La plus intéressante (d'une durée de 3 heures) s'effectue en canoë – les plus avertis pourront se servir de kayak – avec un guide qui saura attirer leur regard sur les merveilles de la nature dont les nombreux paresseux.

■ MEFA (MEDICINALES, ECOTURÍSMO, FERIA Y AGRICULTURA)

Les habitants de la vallée La Estrella – à l'ouest de Cahuita et accessible par Penshurts, des fermiers aux chauffeurs de taxis – ont réuni leurs moyens et connaissance pour organiser la meilleure découverte de la vallée et de ses communautés : randonnées à cheval ou à pied, cascades, visite des *fincas* (fermes) organiques, initiation aux plantes médicinales.

■ PARC HITOY-CERERE

Lors d'un détour par le parc Hitoy-Cerere, vous suivrez le río Estrella et sa vallée. Pour cela, il faut tourner à droite (en venant de Limón) juste après le village de Penshurts et le pont en courbe qui traverse le fleuve dont les

rives sont consacrées à la culture du cacao. La route, en assez bon état, traverse d'immenses bananeraies et des plantations d'ananas. Plus excitant, il est possible de venir jusqu'ici en train, le seul qui circule encore. Ce petit train, auparavant destiné au transport de marchandises, dessert Pandora au départ de Limón. Les trains quittent la gare à 4h et à 15h, retour de Banana Fincas à 5h50 et à 16h50. La réserve biologique Hitoy-Cerere fait partie du parc international La Amistad. Peu connue, peu accessible, donc assez peu visitée, sa situation la rend pourtant très intéressante. C'est certainement l'un des endroits les plus humides du Costa Rica – Hitoy (« laine » en bribrí, à cause des mousses couvrant les pierres) et Cerere (« eaux claires »). La réserve a la particularité d'abriter une faune très riche et un peu moins timide que dans d'autres parcs plus visités. Mais armez-vous de patience, les spécimens les plus incroyables vivent dans les hauteurs de la forêt et restent, par conséquent, difficiles à observer.

Cahuita

Vers 1830, Cahuita n'était qu'un camp de base sur le chemin du Panamá, un peu plus au sud du site actuel. Plus tard, le campement s'est agrandi quand une poignée de Jamaïcains est venue s'y installer. Peu à peu, ces premiers habitants ont émigré vers le nord jusqu'à l'actuelle Cahuita.

La pipa

Vous entendrez souvent dans la rue vous proposer « pipa ! pipa !... » Il s'agit en réalité de agua pipa. Qu'est-ce que c'est ? La traduction directe est « eau de jeune coco », que beaucoup n'hésitent pas à qualifier de boisson de la vie. Diable ! Une boisson de la vie ? A-t-elle vraiment tant de vertus cette agua pipa ? Une jeune noix de coco est un filtre naturel parfait tout au long de sa croissance, soit entre 6 et 9 mois. Elle contient alors entre 750 ml et 1 litre d'eau. La composition de l'eau de coco est identique à celle du plasma du sang humain. D'ailleurs, pendant la guerre du Pacifique, les Américains et les Japonais utilisaient régulièrement l'eau de coco pour les transfusions des soldats blessés. L'eau de coco présente des caractéristiques naturelles très intéressantes :

→ Elle est totalement stérile car elle est en permanence en processus naturel de filtration.

→ Elle est plus nutritive que le lait, elle a moins de graisse, sans cholestérol.

→ Elle est meilleure que les laits pour bébé du commerce, car elle contient de l'acide laurique, acide qui est présent dans le lait maternel.

→ Elle est plus saine que le jus d'orange et plus pauvre en calories.

→ D'après la FAO (United Nation's Food & Agriculture Organisation), l'eau de coco est une véritable source de la nature, biologiquement pure, complète en sucres naturels, et contient ce qu'il faut en sels et en vitamines pour combattre la fatigue. C'est ainsi qu'elle se positionne dans le marché des boissons énergétiques, car plus efficace que les boissons dites « sportives ».

Alors que diriez-vous d'une « pipa » ?...

C'est devenu depuis quelques années un centre touristique vivant. Sa physionomie s'en est trouvée modifiée, sans trop perdre au change cependant. Cahuita, avant de n'être qu'une ville de bord de mer parmi d'autres, a d'abord été un petit village aux sentiers herbeux. On peut retrouver cette atmosphère en s'y rendant hors saison, quand les plages sont désertées et que la vie locale reprend le dessus entre rastas et pêcheurs, qui sont souvent les mêmes. Et en plus, il fait toujours beau (ou presque) dans cette partie du monde protégée des pluies.

■ PARC NATIONAL DE CAHUITA

Pour lutter contre la défiguration des côtes, une loi interdit de construire à moins de 150 m de la mer, et la pointe au sud de Cahuita est devenue parc national en 1978, à l'instar de toute la région au sud de Limón classée refuge faunique. Au sein de cet environnement, les habitants ont su préserver leur mode de vie, loin des autres Ticos qui n'y viennent d'ailleurs jamais. C'est ce qui fait la différence entre le Sud-Est du pays et les autres côtes beaucoup plus fréquentées. C'est le seul parc du pays qui soit géré par la communauté et dont le droit d'entrée est un apport volontaire de chaque visiteur. Le parc national de Cahuita commence à l'extrémité sud du village, à l'endroit appelé « Kelly Creek », et couvre 1 067 hectares sur terre et 22 400 hectares en mer. C'est l'un des plus beaux sites du pays avec ses plages de sable blanc, ses cocotiers inclinés vers la mer comme sur une carte postale et ses eaux relativement calmes. L'attrait principal de ce parc réside dans le récif corallien qui entoure la Punta Cahuita ; il est malheureusement menacé par les sédiments (en provenance des bananeraies) et les pesticides que dépose le río Estrella au nord de Cahuita. On pourra observer sur ce récif éventails de mer, oursins et poissons colorés (poissons perroquets, isabelitas ou anges de mer), cornes d'élans et cérébriformes. Sur terre, on remarquera singes hurleurs, blaireaux

Parc national de Cahuita.

ou coatis, ibis verts, hérons nocturnes ou chocuaco. Les singes hurleurs mâles (singes congo) poussent un cri inquiétant la première fois qu'on l'entend. Un os dans le larynx leur permet cette résonance si particulière, qui pourrait ressembler à un aboiement de très gros chien, voire à un rugissement, audible à plusieurs centaines de mètres. C'est l'une des particularités du parc de Cahuita : se promener dans le parc tôt le matin pour apercevoir ou entendre l'un de ces animaux.

© STÉPHANE SAVIGNARD

Parc national de Cahuita.

■ MARIPOSARIO DE CAHUITA

Françoise et Alfonso, un couple franco-espagnol, ont créé ce *mariposario* (ferme à papillons) où ils élèvent une vingtaine d'espèces de papillons, dont le célèbre et très médiatique morpho bleu métallisé (*morpho peleides*). Ils ont reproduit un petit espace naturel composé d'une zone d'ombre et une autre de lumière, avec les espèces de plantes et de fleurs pour que chaque espèce se développe naturellement. L'eau est omniprésente, fontaine de type humidificateur… Ils vous feront découvrir tout le cycle de vie d'un papillon (qui vit entre deux semaines et trois mois suivant les espèces, sauf un qui ne vit que trois jours car il ne s'alimente jamais) et vous verrez

même des accouplements. On parle français. Alfonso est artiste dans l'âme – regardez ses œuvres de bois. Une petite boutique vous propose entre autres son artisanat, quelques livres et objets divers. Le cadre, d'une grande sérénité, vous fera passer un moment agréable avec des gens passionnés par leur métier et les papillons.

Les plages de Cahuita

Les plages, entre les parties rocheuses, sont magnifiques. Mais impossible de faire trempette dans les cinq cents premiers mètres au sud de Cahuita, à moins de souhaiter suivre les courants pour visiter le reste de l'Amérique ! Pour se baigner, il faut aller sur la célèbre Playa Negra. Cahuita est l'exemple même du village caraïbe. L'ambiance est rasta et nous transporte dans les îles caraïbes.

Plongée

Il est possible de plonger (avec tuba) autour du récif de corail en vous faisant accompagner en bateau par quelqu'un du coin ou en passant par Cahuita Tours qui organise des excursions d'une demi-journée dans un bateau à fond de verre. Mais souvenez-vous que la pluie trouble l'eau…

Playa Blanca de Cahuita.

PLAYA BLANCA

Elle est située au sud du village et commence à l'entrée du parc national. C'est une grande plage de sable blanc qui forme un grand U, d'environ 4 à 5 km et qui se termine à la Punta Cahuita. La plage est très belle, mais elle est dangereuse (drapeau rouge en permanence) à cause des courants. On peut néanmoins se baigner, mais sans aller au large.

PLAYA NEGRA

Située au nord du village, elle s'étend sur plusieurs kilomètres jusqu'à l'embouchure du río Tuba. C'est une plage de sable noir. Elle convient bien à la baignade. Toutes les vagues sont appréciées par les surfeurs de plus en plus nombreux à Cahuita.

PLAYA VARGAS

Dans la continuité de Playa Blanca, après Punta Cahuita, elle est longue d'environ 1,5 km. Baignade conseillée suivant les drapeaux vert ou rouge.

Puerto Viejo de Talamanca

Puerto Viejo est la patrie des Indiens Bribrí, Kekoldi et Cabécar qui côtoient les agriculteurs d'origine jamaïcaine, parlant un anglais hispanisant difficile à comprendre, ainsi que les descendants des Espagnols. Petit village de pêcheurs agréable, avec un centre qui s'anime le matin et en fin d'après-midi, Puerto Viejo s'étend sur plusieurs centaines de mètres le long de plages de rêve vers le sud. Puerto Viejo pâtit un peu de son succès.

Si le charme est encore présent, malheureusement sa réputation amène certains jours une cohue qui vous fait rapidement déserter le centre. Mais la bourgade s'étend sur plusieurs kilomètres et c'est en allant vers le sud que l'on découvre tous ses trésors cachés.

Manifestations

→ **South Caribbean Music Festival.** Organisé par le Playa Chiquita Lodge, le festival donne l'occasion à des groupes locaux ou non de se produire les week-ends des mois de mars et d'avril.

→ **Caribbean Summer Festival.** Septembre et octobre. Projection de courts-métrages, marché artisanal et cuisine caraïbe pour faire la fête.

FINCA LA ISLA BOTANICAL GARDEN

Jardin botanique tropical. Peter et Lindy Kring sont des passionnés de broméliacées (fruits dont l'ananas). Leur jardin rustique permet en compagnie du maître de céans de découvrir l'ensemble des plantes caraïbes, dont les broméliacées.

KEKÖLDI WA KA KONEKE

Entre février et avril, et septembre et novembre : observation des oiseaux, découverte de la culture kekoldi, élevage d'iguanes verts destinés à être réintroduits, vente d'artisanat. Restauration locale sur réservation.

Les plages entre Puerto Viejo et Manzanillo

PLAYA PUERTO VIEJO

Devant Puerto Viejo, en plein centre, la plage est occupée par des barques de pêcheurs et autres. Elle est de sable gris, noir sur le côté nord, plage paisible qui est protégée des vagues par des rochers plats devant le port.

PUNTA COCLES

La plage des surfeurs qui occupent toutes les chambres à louer des environs. Le choix n'est pas terrible, allez ailleurs si vous ne surfez pas.

PLAYA COCLES

Entre deux escarpements rocheux d'environ 2 km de long de sable grisbrun, baignade facile, plage surveillée par des sauveteurs.

PLAYA CHIQUITA

À 2 km de Playa Cocles, idéale pour les sportifs. De chaque côté du chemin, des pancartes indiquent des hôtels, des restaurants, des bars, des chambres à louer, etc. Difficile de s'y retrouver dans ces noms plus étonnants les uns que les autres.

Punta Uva

C'est après Puerto Viejo que l'on commence à vraiment se sentir ailleurs. La route, ou plutôt le chemin, est tout à coup plus étroite, presque sablonneuse et aussi plus malaisée. La prudence est recommandée. De temps en temps, un sentier s'échappe sur la gauche pour déboucher sur des plages isolées et sublimes – Playa Pirikikí, Playa Chiquita ou Punta Uva –, les cocotiers penchés vers l'eau, les rochers à fleur de sable, les vagues, les nuées d'oiseaux qui piaillent de branche en branche. Des gargotes se trouvent à 3,50 m de la plage, sous les arbres… Un petit coin de paradis ! Punta Uva est une plage, sur laquelle le soleil se couche plus tôt qu'ailleurs derrière les cocotiers, et une autre occasion de pénétrer dans la forêt, la même que celle de Manzanillo.

© PEPERA, TOM - ICONOTEC

Plage de Puerto Viejo.

La région caraïbe

Les adeptes, expérimentés, connaissent déjà souvent (du moins de réputation) les vagues qui déferlent au-delà du récif de Puerto Viejo, en face du restaurant Stanford, dans la zone appelée Salsa Brava. Les vagues y sont tellement bonnes qu'une compétition internationale s'y déroule de décembre à avril, les meilleurs mois pour pratiquer ce sport. Mais attention ! Ne soyez pas téméraire, les vagues sont dangereuses. Si vous hésitez, rendez-vous à Playa Cocles ou à Punta Uva, l'une des plus belles plages des Caraïbes.

Pour une visite guidée qui peut s'avérer très intéressante, frappez à la porte de la maison près du panneau « Caminata guiada al bosque » : on y loue des chevaux et des guides. La soda Naturales, un peu en hauteur par rapport à la forêt, propose les mêmes services et, en plus d'être un bon restaurant, vend des tee-shirts, tendance surf ou quetzal.

Manzanillo

Le plus simple pour y accéder est de longer la côte jusqu'à Manzanillo et de continuer à pied dans la jungle. La balade est superbe le long du rivage et dans des chemins de jungle.

Parc national Gandoca-Manzanillo

Ce refuge de vie sylvestre est établi depuis 1985 et protège 5 013 hectares de terre, dont une belle plage de 9 km de longueur, et 4 436 hectares de mer, dont une barrière de corail. Dans la zone de protection qui s'étend jusqu'à la frontière panaméenne, le village de Manzanillo consiste en une école qui reçoit les enfants des hameaux de pêcheurs dispersés. De là, il est possible de se rendre à Punta Mona en empruntant le sentier qui longe pendant 5,5 km la côte et ses plages serties de pointes rocheuses d'un côté, et de palmiers de l'autre. Ce sentier est relativement facile à suivre, contrairement à celui qui quitte Manzanillo à l'ouest et mène à Gandoca. Il vaut mieux être accompagné d'un guide pour ce tour d'une dizaine de kilomètres. Gandoca-Manzanillo est le refuge d'espèces en voie de disparition comme l'huître de palétuvier qui se développe au-delà de Punta Mona, dans une mangrove unique en son genre au Costa Rica. La forêt de la lagune fait partie des forêts tropicales humides, et son importance est d'autant plus grande qu'elle est la seule de cette partie de la côte. Aux alentours de l'embouchure du río Gandoca, on peut observer des tapirs, des caïmans, des lamantins, des crocodiles, et par centaines, des oiseaux aussi

© ICT (INSTITUT COSTARICIEN DE TOURISME)

Arbre géant à Punta Uva.

plaisants que les perruches, les toucans ou les perroquets. Quatre espèces de tortues dont la *baula* viennent pondre sur cette plage, surtout en début d'année. Comme à Ostional, de l'autre côté, sur le Pacifique, la population locale récolte les premiers œufs, ceux qui seraient détruits de toute façon par le passage des tortues venues pondre plus tard. Les pontes suivantes sont protégées sur place ou placées sous incubateur en attendant l'éclosion.

© ICT (INSTITUT COSTARICIEN DE TOURISME)

Plage de Manzanillo.

Bribrí, Sixaola et la vallée de Talamanca

Fin du parcours sur la côte caraïbe, Bribrí et Sixaola, distantes de 35 km, portent le nom des Indiens de la région. Sixaola marque la frontière avec le Panamá. Laissez-vous aller et, au gré de vos rencontres, arrêtez-vous et appréciez le calme et l'hospitalité des habitants de ces vallées plus si retirées que ça. Les Indiens se sont généralement regroupés au sein de coopératives ou d'associations de développement pour promouvoir leur artisanat, leur savoir-faire en matière de plantes médicinales, ou tout simplement gérer quelques chambres mises à disposition des touristes en vadrouille. Les bénéfices engrangés par ces activités sont destinés en tout premier lieu à l'éducation de leurs enfants. Sur la route de Sixaola que l'on emprunte sur la droite avant Puerto Viejo, Bribrí est souvent mentionnée par les guides, peut-être parce qu'elle a un petit côté bout du monde quand on regarde la carte du Costa Rica. Au retour de Shiroles, nous vous conseillons de bifurquer à gauche dans le village de Bambú. La route, ou plutôt le chemin, est en meilleur état et traverse de très beaux paysages.

Un peu plus sur le cacao

Sur la route qui mène à Bribrí, à quelques centaines de mètres après l'embranchement avec la route Cahuita-Puerto Viejo, un parasol coloré et un petit écriteau « se vende mantequa de cacao » attirent l'œil sur la droite. Arrêt obligatoire ! L'adorable famille indienne qui vit ici cultive, entre autres fruits, du cacao. C'est là la meilleure occasion de tout connaître de la transformation des graines magiques et de découvrir que même la chair blanche et onctueuse qui entoure les graines à l'intérieur de la cabosse se mange… À la fin de la visite, n'hésitez pas à acheter (à prix franchement dérisoire) du beurre de cacao qui adoucira vos lèvres l'hiver prochain, des graines bouillies de l'arbre à pain au délicieux goût de châtaigne (castaña), du vinaigre de banane, etc., et à visiter le jardin à l'arrière pour savoir à quoi ressemble l'arbre qui donne ce merveilleux fruit appelé indifféremment guanabána ou cas.

La région caraïbe

89

Les cordillères du Sud-Est

L'épine dorsale de l'isthme central-américain – la cordillère de Talamanca – est la région des cordillères (hautes montagnes) comprise entre le Centre-Sud et le Sud-Est du pays. Cette région, de tradition agricole (café, pommes, cerises ou mûres en altitude…), frontalière avec le Panamá, est peu développée, peu urbanisée et assez peu affectée par le tourisme malgré son fort potentiel en richesses naturelles. Hautes montagnes et vallées se succèdent offrant ainsi le cadre de la plus grande réserve naturelle – le parc international La Amistad – partagée entre Costa Rica et Panamá, et qui est reconnu biosphère par l'Unesco.

Tapantí, la Muerte et Chirripó

Cette région du Costa Rica, pourtant proche de la capitale et facilement accessible, est assez méconnue, mais vaut vraiment qu'on y consacre au moins deux jours, tant pour la variété extraordinaire de ses paysages que pour l'affabilité de ses habitants.

Parc national Tapantí Macizio de la Muerte

Créé en 1992 à une cinquantaine de kilomètres de San José, il a été agrandi en 2000 par l'adjonction de la réserve forestière Río Macho pour ainsi devenir l'une des plus grandes forêts protégées du pays. Entre les 700 m d'altitude de Tapantí et les 3 491 m du Cerro de la Muerte, les températures varient beaucoup, les écosystèmes aussi. Le parc occupe une zone considérée comme l'une des plus humides du Costa Rica avec près de 8 000 mm de précipitations annuelles. Il protège une grande richesse écologique au sein de cinq zones : les forêts humides et pluvieuses de basse altitude, la forêt pluvieuse de moyenne montagne, la forêt d'altitude et le *paramó*. La végétation spécifique à la montagne tropicale permet l'habitat d'espèces animales qui profitent de l'immense corridor biologique formé par l'ensemble des parcs et réserves qui s'étendent au sud jusqu'au Panamá.

Champignons dans la parc national Tapantí Macizio de la Muerte.

© ICT (INSTITUT COSTARICIEN DE TOURISME)

Río General à proximité de San Isidro del General.

■ CASA DEL REFUGIO DE OJO DE AGUA

La bicoque, déclarée monument national, témoigne de la colonisation et de ces temps héroïques au cours desquels les territoires n'appartenaient à personne avant d'être revendiqués. Avec l'indépendance du Panamá qui s'est affranchi de la Colombie en 1903, le Costa Rica avait cru pouvoir explorer/exploiter paisiblement les montagnes au nord de la nouvelle frontière. Mais les incursions panaméennes continuant, le gouvernement a décidé la construction de refuges pour promouvoir l'exploration puis la colonisation de la zone quasi vierge. Chaque refuge, séparé du précédent par une dizaine d'heures de marche, devait marquer l'occupation de la Valle del General. Quand on sait qu'il fallait au minimum une semaine de marche pour rallier Santa María de Dota à San Isidro… Ceux qui réussissaient à rejoindre un refuge s'y abritaient du froid et se réchauffaient avec le bois coupé par les précédents occupants.

■ GENESIS II

Genesis II, petite réserve privée (38 hectares) à l'est de Cañón, mérite le détour. Son exceptionnelle situation (2 360 m d'altitude) permet le développement d'une forêt composée de chênes et d'arbres à feuilles persistantes, couverts de broméliacées épiphytes, de mousses, de lichens ou de fougères, qui donnent cet aspect un peu magique aux forêts de type tropical humide montagneux. 200 espèces d'oiseaux y ont été recensées (dont le quetzal, magnifique oiseau ébouriffé au plumage d'un surprenant mélange « émeraude-turquoise »). 20 km de sentiers sont aménagés, mais n'oubliez pas qu'il peut pleuvoir à n'importe quel moment et qu'il fait toujours un peu froid sous une voûte aussi dense.

San Isidro del General

Avec 40 000 habitants, San Isidro, qui doit son développement aux plantations de café et aux cultures fruitières de la région, est l'étape importante sur la route du Sud.

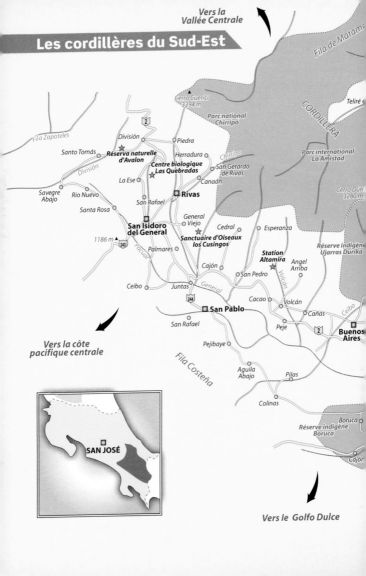

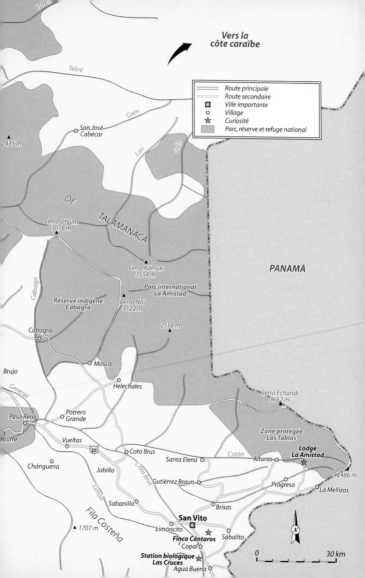

Vers la
côte caraïbe

	Route principale
	Route secondaire
■	Ville importante
○	Village
★	Curiosité
	Parc, réserve et refuge national

Teliré

Coèn

San José
Cabécar

Lari

Uren

2435 m

DE

TALAMANACA

PANAMÁ

Cerro Utyum
3078 m

Cerro Kâmuk
3554 m

Parc international
La Amistad

Réserve indigène
Cabagra

Cerro Nai
3122 m

Cabagra

2558 m

Cabnoga

Mosca

Brujo

Helechales

Cerro Echandi
3162 m

General

Potrero
Grande

Paso Real

Zone protégée
Las Tablas

Curré

Vueltas

Coto Brus

Santa Elena

Cotón

Alturas

Lodge
La Amistad

Chánguena

Jabillo

Gutiérrez Braun

Progreso

2486 m

La Mellizas

Sabanilla

Brisas

Limón

Sabanilla

San Vito

Fila Costeña

Limóncito

Finca Cántaros

Sabalito

1707 m

Copal

Station biologique
Las Cruces

Agua Buena

0   30 km

N

Son nom est celui du saint patron des agriculteurs ; les récoltes sont bénites le jour de sa fête, le 15 mai. D'autres réjouissances de nature agricole ont lieu fin janvier et début février, et sont l'occasion d'expositions diverses, horticoles entre autres, dans toute la ville. San Isidro est une cité commerciale, animée et proprette où l'on s'arrête forcément avant de prendre la route pour le parc national de Chirripó, les plages du Pacifique, la péninsule d'Osa ou encore le Panamá.

■ MUSEO REGIONAL DEL SUR
Le petit musée regroupe une collection résumant l'histoire et la vie socio-économique de la vallée du río General. Ce musée fait partie d'un complexe culturel aux abords duquel il est agréable de traîner l'après-midi, pour finir par un café au El Teatro.

■ RÍO CHIRRIPÓ
À proximité presque immédiate de la ville, le río Chirripó est très apprécié des amateurs de rivière. Il est possible également de naviguer sur le río General, mais là c'est à vous d'organiser votre promenade parce qu'aucune agence ne s'en charge.

Parc national Chirripó
C'est le plus grand parc national du Costa Rica, si l'on excepte La Amistad, à cheval sur deux pays. C'est également le plus élevé, avec une altitude moyenne de 2 500 m et trois sommets de plus de 3 800 m, dont le Chirripó qui marque traditionnellement l'extrémité nord des Andes. La montée est fantastique malgré la difficulté. Elle commence en traversant des pâturages, puis une végétation tropicale de moyenne altitude. La *rainforest*, très épaisse, vient ensuite avec son

lot de troncs épaissis par les plantes épiphytes et les fougères d'où émergent de temps à autre des chênes élancés qui peuvent atteindre 50 m de haut. La faune est étonnante par sa variété. La forêt change petit à petit, la végétation se raréfie et les mousses apparaissent sur les arbres, signifiant la transition climatique due à l'altitude. Du sommet du Chirripó, on dit qu'il est possible de voir les deux océans, à l'est et à l'ouest, mais seulement par beau temps et avec tout de même de bons yeux.

Le Sud-Est de la Talamanca

Boruca
La réserve indigène de Boruca est accessible aux touristes qui peuvent facilement se faire héberger par des gens du coin, en demandant à *la pulpería de Boruca* ou tout simplement en allant à la rencontre des Indiens. C'est le seul moyen de rester plusieurs jours dans cette magnifique vallée où la terre est rouge et la végétation luxuriante... Les raisons sont nombreuses de s'oublier un peu dans la région : se balader, rencontrer les Borucas originaires du sud du pays, s'initier à l'artisanat local (le tissage et la sculpture) ou visiter le petit musée. Mais c'est vers le 31 décembre que le séjour peut devenir franchement animé. À cette date, les Borucas fêtent leur victoire sur les *conquistadores*. La *fiesta de los Diabolitos* (petits diables) dure trois jours ; les Indiens portent des masques de diable (sculptés par les artisans locaux) et se battent contre un homme déguisé en taureau qui représente la force espagnole. Le simulacre se déroule sur une colline au son des tambours et des flûtes.

Quetzal.

Papillon dans le parc international La Amistad.

Parc national Chirripó.

Il est suivi par une visite nocturne des maisons du village. Une fête identique a lieu dans le village de Curré (fin janvier et début février).

San Vito

Après la vallée de Coto Brus, la petite ville de San Vito, à quelques kilomètres de la frontière panaméenne, est une étape agréable dans une vallée fraîche située à plus de 900 m d'altitude, entre le parc La Amistad et le jardin botanique Wilson. La petite ville en pente est récente puisqu'elle a été fondée en 1950 par un groupe d'Italiens dont la présence est encore nettement perceptible.

■ JARDINS BOTANIQUES WILSON

Ce jardin est né en 1963 à l'initiative d'un couple de naturalistes, et depuis 1983, il fait partie du parc La Amistad. Sur une propriété de 145 hectares, les 10 hectares de jardins proprement dits sont réservés à la culture de plantes tropicales dans un décor conçu par un horticulteur brésilien. Les espèces végétales en voie de disparition sont regroupées dans des serres. Ce complexe est à la base d'études sur la reforestation menées par des chercheurs et des étudiants qui viennent du monde entier. Quelque 6 km de sentiers qui portent le nom de certaines plantes cultivées ont été aménagés à travers la forêt qui entoure les jardins.

Parc international La Amistad

Déclaré Réserve de la biosphère en 1982 par l'Unesco, puis patrimoine mondial l'année suivante, cet immense espace, essentiellement couvert de forêts tropicales, présente l'intérêt majeur d'être dans un relatif bon état. On a même pu y observer des traces intactes des mouvements telluriques de l'ère glaciaire (- 35 000). Quel bel exemple d'entente entre nations (Costa Rica et Panamá), entente intelligente s'il en est, puisqu'il s'agit du pont biologique physique et intemporel entre l'Amérique du Nord et l'Amérique du Sud ! Le parc s'étage entre 1 000 m d'altitude (frontières approximatives du parc) et presque 4 000 m. En fait, il comprend de nombreux sommets de plus de 3 000 m. On rencontre une multitude d'habitats dont la variété tient à la topographie, à la nature des sols et aux climats. Le *paramó* de type andin en est certainement l'exemple le plus remarquable. Cette forêt basse, qui ne pousse qu'à partir de 3 000 m d'altitude, est ici principalement constituée d'une variété de bambou, le *batamba*. On trouve ainsi près de 500 espèces d'oiseaux (beaucoup plus que dans toute l'Europe), 263 espèces d'amphibiens, 220 espèces de reptiles et plus de 100 espèces de poissons. 50 des 500 espèces d'oiseaux observées ne vivent que dans ces montagnes.

Golfo Dulce et péninsule d'Osa

Comprise entre la partie méridionale de la côte pacifique, à peu près au sud de Dominical, la frontière panaméenne et, à l'est, les hautes montagnes de la cordillère de Talamanca, cette région maritime du sud du Costa Rica est composée d'un grand golfe d'eau douce et d'une péninsule. De tradition agricole – à l'origine la banane –, elle abrite le parc national Corcovado qui est considéré comme ayant l'une des plus grandes biodiversités de la planète. Les sites naturels étant d'une exceptionnelle beauté, le tourisme s'y installe, sur la pointe des pieds.

Le Golfo Dulce

Golfito

Golfito est une étape quasi obligée et le principal pôle de développement de la région. Elle doit son statut actuel de port à l'intense trafic bananier qui animait ses quais jusqu'en 1985, date à laquelle l'United Fruit Company ferma ses portes faute de rentabilité au sein du marché économique mondial. Au nord, à proximité du Depósito Libre, la Zona Americana, celle des riches, des Américains directeurs de l'United Fruit. C'est un quartier tranquille, résidentiel, aux maisons de bois d'un style colonial flagrant, entourées de jardins tropicaux aux hamacs tendus sous les vérandas. Le Pueblo Civil, au sud, est un port typiquement tropical.

■ REFUGE NATIONAL DE GOLFITO
Du haut de 400 m d'altitude, 1 310 ha de forêt primaire tropicale humide assurent à la ville un potentiel en eau toujours renouvelé et la sauvegarde de plus de 200 espèces végétales, dont certaines étaient franchement menacées. Une faille tectonique pourrait être à l'origine de l'escarpement de la colline qui isole le site de Golfito des plaines du Sud-Ouest. Malgré sa taille relativement réduite, le refuge accueille un grand nombre d'animaux, mammifères ou oiseaux, facilement observables depuis les sentiers qui partent de La Torre.

■ PLAYA CACAO
Petite plage sympathique à une dizaine de kilomètres de Golfito, Playa Cacao a le mérite d'être facilement accessible en toute période de l'année. La réputation de l'endroit est largement entretenue par un personnage haut en couleur qui s'est échoué sur cette côte, il y a 40 ans. Le capitaine Tom, comme on l'appelle, est resté ici, a épousé Rocio et a aménagé trois chambres originales dans un chalutier, le Shipwreck.

■ CASA DE ORQUIDEAS
Il y a quelques 25 ans, Ron et Trudy MacAllister sont venus s'installer ici par amour du climat et de la forêt. Dans leur élan de retour à la terre, ils ont planté quelques arbres fruitiers.

Golfo Dulce

Vers la côte
pacifique centrale

Palmar
Norte

Ré
ind

2

Bahía de
Coronado

Dekita del
Terraba

Cortés

Terraba

Palmar
Sur

VALLÉE DE
DIQUIS

Camibar

San Francisco

Isla Zacate

Sierpe

Sierpe

Isla
Violín

Pavón

Punta Violín

Chocuaco

Punta Sierpe

Potrero

Mogos

Réserve biologique
Isla del Caño

Bahía Drake

Drake

Agujitas

Rincón

La Palma

Refuge nat. de vie forestière
Punta Rio Claro

Réserve biologique
Campanario

Rincón

245

San Pedrillo

Réserve privée
de Marenco

Los Patos

Parc national
Corcovado

Sándalo

Playa Llorona

Lagune
Corcovado

Dos Brazos

745 m

PÉN
D

Sirena

La Leona

Madrigal

Carate

Agua
Buen

SAN JOSÉ

0   25 km

N

Isla Manuelita

Bahía Weston

Bahía
Chatham

Isla del Coco

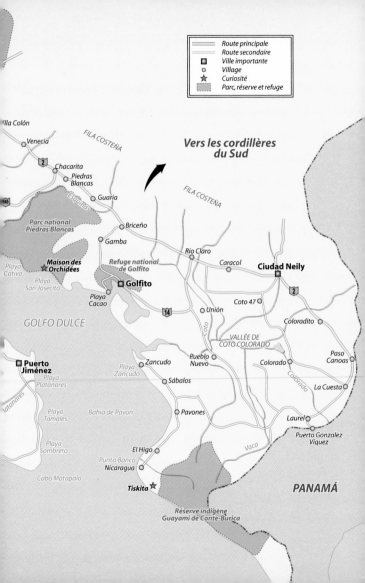

Puis, emportés par la passion, ils ont agrandi leur jardin jusqu'à ouvrir leur petit paradis aux visiteurs. Les Mac Allister, botanistes amateurs à leurs débuts, sont devenus des pédagogues formidables qui ne ménageront pas leurs efforts pour vous communiquer leur enthousiasme, et iront même jusqu'à vous faire goûter quelques-uns des fruits de leur production.

■ PLAYA ZANCUDO
À l'embouchure, envahie de mangrove des rivières Conte et Colorado, Zancudo est la plage la plus proche de Golfito. Bien qu'elle soit à 15 km, c'est la première sur laquelle il est possible de se baigner et de surfer. On peut se rendre à Zancudo pour une pause agréable vouée à l'observation des oiseaux, à la pêche, à la baignade ou au surf, à moins que vous ne préfériez le farniente total.

■ PAVONES
À une dizaine de kilomètres au sud de Zancudo, Pavones est constitué de deux plages : Playa rio Claro et Punta Banco qui sont les meilleures plages de la côte pacifique pour le surf, selon les plus chevronnés de la planche. Malheureusement, les plus belles vagues se manifestent au début de la saison des pluies, en mai. Il faut montrer une réelle envie de surfer pour parcourir le chemin qui mène à la baie de Pavones.

La péninsule d'Osa

Tout au sud du Costa Rica, la patte postérieure de ce pays en forme de tortue est à elle seule l'une des plus grandes forêts tropicales d'Amérique centrale, longtemps isolée du reste du pays. Il a fallu qu'une compagnie forestière vienne s'installer dans la

Bain dans une rivière de la péninsule d'Osa.

péninsule d'Osa pour qu'un semblant d'infrastructure apparaisse à l'ouest de l'Interamericana. Des *campesinos* à la recherche de nouvelles terres cultivables suivirent les bûcherons installés au sud du río Térraba. Mais le défrichage forcené des agriculteurs condamne, à court terme, le sol qui, sans la protection des arbres et la fertilisation par les déchets organiques, se change en terre incultivable. La forêt risquait de subir le même sort que tant d'autres sous les tropiques. Les choses ne se sont pas arrangées quand on a découvert des filons d'or sur la péninsule. Le meilleur moyen de contrer les pires tentatives d'exploitation de la forêt était de destiner la péninsule au tourisme, à l'écotourisme de préférence. Voilà pourquoi Osa et ses merveilles sont en passe de devenir le nouveau pôle d'attraction du Costa Rica. La péninsule

d'Osa rassemble à elle seule la moitié des oiseaux aperçus au Costa Rica. De plus, c'est pratiquement le seul endroit où il est possible d'observer des tapirs, des jaguars ou des pumas.

Bahía Drake

Au nord-ouest de la péninsule d'Osa, cette petite baie enchanteresse fut probablement découverte par le grand navigateur Francis Drake en 1579. Des eaux calmes et très poissonneuses, un petit village tranquille aux enfants rieurs (Agujitas), la proximité de quelques-uns des plus beaux endroits du pays, dont le parc national Corcovado et l'Isla del Caño, et une infrastructure qui tend à se développer attirent de plus en plus de touristes.

Réserve de Marenco

L'ancienne station biologique de Marenco, au nord-ouest de Corcovado, est devenue une réserve censée protéger les abords du parc national. En exerçant ce rôle de tampon, elle contribue également à intégrer la population locale à l'effort de préservation en lui donnant l'occasion de travailler à l'entretien des forêts et à l'accueil des visiteurs, chercheurs, étudiants ou touristes.

Réserve biologique Isla del Caño

L'eau est nettement plus claire que le long du littoral et sa température avoisine celle du corps. L'Isla del Caño est le paradis des plongeurs qui passent des heures à batifoler parmi les poissons aux abords des rochers sous-marins et de quelques récifs coralliens où s'abritent de nombreuses variétés de végétaux et de poissons tropicaux. Un sentier permet d'atteindre le sommet de l'île, et près de celui-ci vous trouverez plusieurs sphères de granit d'origine précolombienne protégées par la forêt. Leur origine demeure mystérieuse, mais certains avancent qu'elles ont été sculptées par les Borucas pour représenter la terre ou la lune. Au large de l'île, il n'est pas rare de voir des dauphins et des baleines.

Puerto Jiménez

Cette petite ville – la seule digne de ce nom dans la péninsule d'Osa – a connu sa plus grande période de développement après la découverte de filons d'or dans la région. Les mineurs et les commerçants ont afflué vers ce petit centre, à présent facilement accessible.

Baleine bleue dans la réserve biologique Isla del Caño.

Le mouvement de population a décru, les infrastructures sont restées. Le tourisme s'est suffisamment développé pour maintenant faire partie des projets de développement des 4 000 habitants, qui se souviennent, peut-être, qu'ils vivent sur une côte longtemps maudite. En effet, Puerto Jiménez aurait été fondé par un groupe de prisonniers envoyés ici avec ordre de ne jamais remettre les pieds sur ce que l'on appelle le continent. On parle encore de gens devenus fous sous ce climat… Aujourd'hui, c'est aussi le principal point d'entrée du parc national Corcovado, du moins pour les entrées de La Leona et de Los Patos.

Parc national Corcovado

Il a été créé en 1975 à la suite de l'arrivée en masse dans la région de bûcherons et de *campesinos* à la recherche de nouvelles terres à défricher. Huit types d'habitat sont reconnus à l'intérieur du parc entre les plaines marécageuses vers la lagune et les forêts de montagne, ce qui signifie plus de 500 espèces végétales, principalement des arbres. La forêt de Corcovado étant l'une des plus humides du Costa Rica, plus de la moitié du territoire est couverte par une forêt tropicale humide de type montagneux et nuageux, composée de chênes et de fougères arborescentes et de forêts marécageuses, inondées une grande partie de l'année. Cette flore d'une extraordinaire richesse permet le développement d'une faune non moins exceptionnelle qui, par bonheur, est largement observable des sentiers.

Dos Brazos

C'est un village légendaire où tous les chercheurs d'or entamaient leur périple le long du río Tigre pour aller fouiller le lit de la rivière ou percer des tunnels à la recherche de l'or. À l'époque de la fièvre de l'or, le village était fort vivant. L'ouverture du parc a transformé les orpailleurs en guides touristiques. Si l'activité qui y règne n'est plus aussi intense, l'atmosphère, l'éloignement et la gentillesse de ses habitants laissent un bon souvenir.

© ICT - ROBERTO RAMOS

Côte du parc national Corcovado.

La costière
du Pacifique central

Dénommée la costière du Pacifique central, c'est la région qui s'étend de Puntarenas au nord-ouest, jusqu'au parc national de Marino Ballena au sud-est et bordée par l'océan et les cordillères parallèles à l'océan. C'est une région maritime cohérente, fortement influencée par le Pacifique. Cette étroite bande de sable, pressée par la forêt tropicale, battue par les rouleaux de l'océan est une des régions les plus prisées des touristes.

Le Nord
de la costière

Puntarenas

L'ancienne prison de Puntarenas, construite en 1890, a été aménagée en maison de la Culture, en musée et en auditorium de deux cent quatre places, ce qui donne un petit cachet culturel à une station balnéaire à la recherche de ses touristes. La ville s'est dotée d'un Museo Histórico Marino installé dans une ancienne maison du centre.

■ ÎLOT DE SAN LUCAS

Au large de Puntarenas, cet îlot était une prison sans murs ni barreaux, abandonnée en 1991. Les prisonniers se réhabilitaient par l'artisanat et vendaient leur production le dimanche. On peut visiter l'îlot de 800 hectares en contactant les gardes-côtes.

■ ORCHID'S FARM

La ferme comprend une plantation et une collection d'orchidées et propose un tour qui dure 2 heures 30 environ. Les chemins sont adaptés pour une agréable visite guidée. Possibilité de

© ICT (INSTITUT COSTARICIEN DE TOURISME)

Puntarenas.

visite pour groupes agrémentée de haltes musicales « marimba ». Orchid's Farm est le cinquième plus grand producteur et exportateur d'orchidées du monde (exportations de 15 000 plants et de 2 millions de fleurs en Europe et en Amérique du Nord). Une visite à recommander.

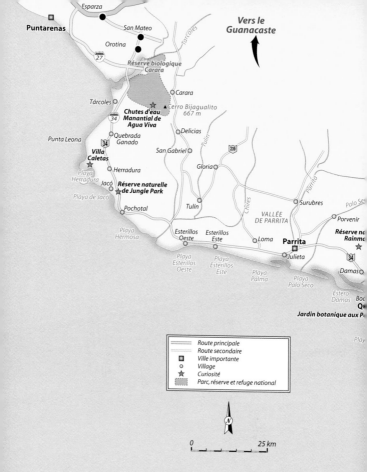

Esparza

Puntarenas

San Mateo

Orotina

27

Réserve biologique Carara

Tárcoles ○ ○ Carara

▲ Cerro Bijagualito
667 m

Chutes d'eau Manantial de Agua Viva

34

○ Quebrada Ganado

○ Delicias

Punta Leona

34

Villa Caletas

○ Herradura

Playa Herradura

Jacó

○ San Gabriel

○ Gloria

Vers le Guanacaste

Tárcoles

Tulín

239

Réserve naturelle de Jungle Park

Playa de Jacó

○ Pochotal

○ Tulín

Esterillos Oeste

Esterillos Este

○ Loma

Surubres

Palo Se

○ Porvenir

Réserve na Rainm

Playa Hermosa

Playa Esterillos Oeste

Playa Esterillos Este

Playa Palma

Playa Palo Seco

○ Julieta

34

Damas ○

Parrita

VALLÉE DE PARRITA

Estero Damas

Bor
Qi

Jardin botanique aux Pi

Play

	Route principale
	Route secondaire
◻	Ville importante
○	Village
★	Curiosité
	Parc, réserve et refuge national

Ⓝ

0 _____ 25 km

OC

Côte du Pacifique central

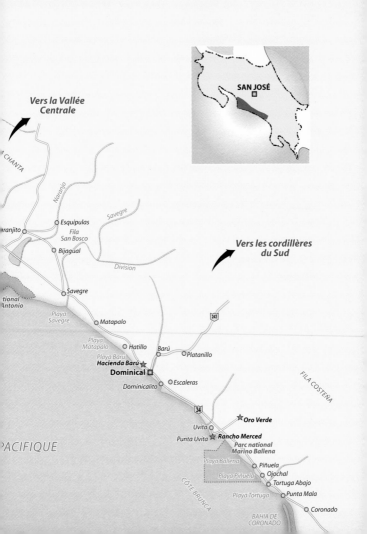

CHANTA

*Vers la Vallée
Centrale*

SAN JOSÉ

Naranjo

Esquipulas
Fila
San Bosco

Savegre

ranjito

Bijagual

*Vers les cordillères
du Sud*

Division

tional
Antonio

Savegre

*Playa
Savegre*

Matapalo

243

*Playa
Matapalo*

Hatillo

Barú

Playa Barú

Platanillo

Hacienda Barú ☆

Dominical ☐

Escaleras

Dominicalito

FILA COSTEÑA

34

☆ **Oro Verde**

Uvita

Punta Uvita ☆ **Rancho Merced**

Parc national
Marino Ballena

PACIFIQUE

Playa Ballena

Piñuela

Playa Piñuela

Ojochal

Tortuga Abajo

COTE BRUNCA

Playa Tortuga

Punta Mala

Coronado

BAHIA DE
CORONADO

Aras rouges dans le parc national Carara.

Parc national Carara

On dénombre plus de 750 espèces végétales dans cette zone de transition entre la sécheresse du Nord et l'humidité du Sud, l'une des plus remarquables du pays. Au nord-est de la réserve, qui couvre 4 700 hectares, des marais abritent des échassiers et des reptiles. La réserve est très importante pour la *lapa roja* (aras rouge ou *scarlet macaw*) dont c'est l'un des derniers habitats de tout le continent américain.

Jacó

Jacó a longtemps été la plage préférée des Québécois (très nombreux à se rendre ici), surfeurs ou non ; les courants y sont modérés. La plage est suffisamment longue pour y installer son bout de serviette, simplement pour écouter les vagues et se laisser dorer. Cette petite cité qui consiste surtout en une rue principale parallèle à la mer étant la plage la plus proche de San José, elle est très fréquentée, mais reste cependant agréable à vivre au rythme du surf. De Jacó, on peut se rendre à Boca Barranca, idéale pour le surf sur ses vagues obliques, et à Playa Escondida, accessible par bateau uniquement. À 3 km au sud de Jacó, Playa Hermosa est la plus connue puisque ses longues vagues donnent lieu à des compétitions de surf au mois d'août. Au nord de Jacó, Playa Herradura est plus petite que celle de Jacó et plus agréable pour la baignade.

Partie centrale de la costière

Quepos

Établie en 1570 par le frère Juan Pizarro, deux cents ans avant la première mission de Californie, la communauté cléricale San Bernardino de Quepo dut cesser ses activités en 1746. Quelques ruines de la mission ont été redécouvertes en 1974. La légende, développée par le corsaire anglais John Clipperton, dit qu'un fabuleux trésor a été enterré ou immergé dans les environs de Quepos. Ancien port bananier, la ville est surtout un point de départ pour la visite du parc Manuel Antonio ou pour les pêcheurs. Les surfeurs et les inconditionnels de la plage devront se déplacer pour pratiquer leur sport car la plage de Quepos n'est pas la plus agréable. La pêche est de loin l'activité la plus pratiquée au large de Quepos. Marlins, dorades, *wahoos* ou thons jaunes se battent pour votre bout de ligne entre décembre et avril.

Plage de la côte pacifique.
© PEPEIRA, TOM - ICONOTEC

Plage au sein du parc national Manuel Antonio.

Paréos colorés sur une plage de la costière du Pacifique central.

Parc national Manuel Antonio.

Le surf se pratique à Esterillos au nord de Quepos, à Boca Damas à l'entrée de la ville, à Quepos même, sur la plage de Manuel Antonio ou sur celle del Rey, à Matapaló au sud et, enfin, à Dominical.

Parc national Manuel Antonio

Ce parc de 682 hectares qui porte le nom d'un *conquistador* enterré ici est l'un des plus fréquentés du Costa Rica. En empruntant le sentier pendant une petite demi-heure, après la plage la plus fréquentée par les familles, on arrive à une petite crique rocheuse puis à Puerto Escondido, une faille dans la forêt secondaire qui borde un morceau de forêt primaire, la dernière. De la seconde plage, un sentier conduit à la pointe Catedral qui, il y a bien longtemps, était une île (72 m de haut). Pendant environ cent mille ans, le sable s'est déposé entre l'île et la côte pour former ce qui aujourd'hui permet d'y accéder. Ce phénomène est appelé « tombolo », et le *tombolo* de la pointe Catedral serait l'un des plus remarquables du monde. Toutes ces longues plages de sable clair sont également parfaitement appropriées à l'observation des poissons qui abondent près de la côte. 12 hectares de mangrove viennent compléter la biodiversité du parc.

Le Sud de la costière

Matapaló

Sa plage est immense (pas loin de 45 km !) et encore quasi déserte, et la montagne est déjà toute proche. La bourgade qui s'étire autour de *la can-cha de fútbol* a longtemps été protégée par le mauvais état de la route entre Quepos et Dominical qui ressemble à ce qu'était toute la Costanera, il n'y a pas si longtemps.

Dominical et la Costa Ballena

À 45 km de Quepos, sur la Costanera Sur, Dominical est une première étape vers le bout du monde, plus vierge et plus sauvage que Manuel Antonio. Le paysage fantastique et le parc national Marino Ballena, tout proche, attirent les touristes, mais ce sont surtout les Nord-Américains venus dans le cadre d'un programme gouvernemental de reforestation qui ont contribué au développement de la région en organisant des séjours « nature ». Les surfeurs connaissent bien le spot de Dominical.

Détente et sports nautiques sur la costière du Pacifique central.

Vue aérienne du parc national Marino Ballena.

Mais, attention, comme toute plage de surf, celle-ci, pourtant magnifique, se montre dangereuse envers les baigneurs (éviter absolument l'embouchure de la rivière Barú au nord de la plage). À une petite demi-heure de là, on peut en revanche trouver de superbes petites criques désertes et propres à la baignade. Lors de randonnées équestres fortement recommandées, vous pourrez admirer quelques-unes des plus belles *cataratas* du Costa Rica, dont les plus connues sont Salto Diamante et Nauyaca.

Punta Uvita

À 17 km au sud de Dominical, toujours sur la Costanera Sur, la petite ville est encore dans l'ombre de sa grande sœur. Mais quand on voit le charme de ses plages et des alentours…

Parc national Marino Ballena

Dans la baie de Coronado, au sud de Dominical (province de Puntarenas), ce parc récent (1989) protège des plages, des falaises, des îles et des récifs rocheux. Au large de la côte, le récif de corail poreux représente une zone importante d'habitat et de reproduction de la faune marine. C'est aussi l'un des sites les plus méridionaux pour la reproduction de la baleine jorobada (*Megaptera novaeangliae*) qu'on peut y apercevoir presque toute l'année. Autre curiosité : le parc abrite six espèces de mangrove dont une très rare.

Le Nord Guanacaste

À cheval sur deux cordillères, celle de Tilarán et celle de Guanacaste, bordée à l'ouest par le golfe de Nicoya et au nord-ouest par l'océan Pacifique, la province du Guanacaste, à l'extrême nord-ouest du Costa Rica, offre de multiples paysages, des imposants volcans actifs aux côtes sauvages du Pacifique.

La côte du Nord Guanacaste

Géographiquement, le nord de la côte entre Playa Panamá et la frontière nicaraguayenne n'appartient plus à la péninsule de Nicoya mais au Guanacaste. Ainsi, les plages du Nord-Guanacaste commencent avec le grand golfe de Papagayo à partir du nord de la péninsule de Nacascolo – Puerto Culebra – à la porte sud du parc national Santa Rosa. Depuis Playa Panamá, Playa Nacascolo, où se trouve un petit site précolombien sans grand intérêt, est accessible par un seul moyen : le bateau.

Bahía Salinas

Refuge national de la faune sylvestre Isla Bolaños. Cette petite île de 25 hectares, accessible de Puerto Soley au fond de la baie de Salinas, est un paradis ornithologique. On y recense, parmi les espèces les plus représentatives, des pélicans bruns et des frégates. Bahía Salinas est principalement fréquentée par les fous de planche à voile qui connaissent les vents forts de la baie.

Parc national Santa Rosa

Le parc national protège en grande partie l'habitat typique de la forêt tropicale sèche.

Pour l'observation de la faune, mieux vaut s'y rendre durant la saison sèche (décembre à avril) quand les animaux se retrouvent autour des rares points d'eau et que les insectes sont moins nombreux. Mais c'est également pendant cette période que les groupes de visiteurs affluent. En d'autres temps, on venait voir les tortues, notamment celle de Ridley, pondre à Playa Nancite, au nord du golfe Papagayo. Mais l'accès de la plage est maintenant restreint à vingt-cinq visiteurs à la fois, suite à des exactions commises par des personnes indélicates.

D'autres animaux sont visibles presque toute l'année, dont un grand geai noir et blanc qui pousse un cri encore plus rauque que celui de n'importe lequel de ses congénères. Les chauves-souris sont très largement représentées par une bonne cinquantaine d'espèces différentes. Les autres mammifères présents vont du singe au coyote en passant par le coati.

En ce qui concerne la flore, deux arbres sont particulièrement intéressants. Le premier, un arbre imposant au large branchage, a donné son nom à la province du Guanacaste, dont il est devenu le symbole. Le second, le *gumbo limbo*, est facilement reconnaissable à son écorce brûlée, associée à la couleur des Indiens.

Le Guanacaste

Peñas Blancas

La Cruz

Santa Cecilia

Haciendas Brasilia

Bahía Salinas

Puerto Soley

☆ **Hacienda Los Inocentes**

Bahía de Santa Elena

Santa Rita

Cuajiniquil

Parc national Guanacaste

Dos Ríos

CORDILLERA

Parc national Santa Rosa

La Casona ☆

Quebrada Grande

▲ 1487 m
▲ 1659 m
Parc national Rincón de la Vieja

Potrerillos

Pital

Santa María

GOLFE DE PAPAGAYO

Cañas Dulces

Curubandé   San Jorge

Gua

For

Cereceda

☐ **Liberia**

Salitral

21

Pijije

1

B

Vers Péninsule de Nicoya

Réserve Biologique Lomas de Barbudal

Refuge national Dr. Lucas Rodríguez Caballero

Bebe

Hacienda Palo Verde ☆

Parc natio Palo Ver

☐ **SAN JOSÉ**

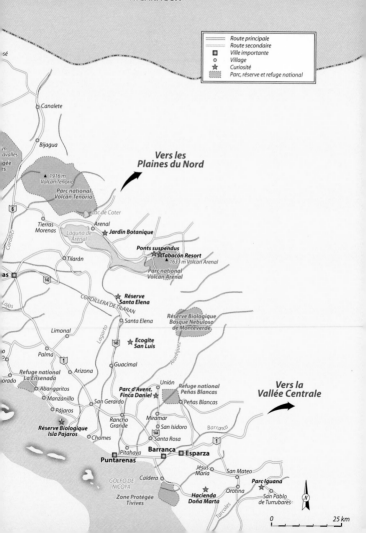

NICARAGUA

Canalete

Bijagua

▲ 1916 m
Volcan Tenorio

Parc national
Volcan Tenorio

*Vers les
Plaines du Nord*

Lac de Coter

Tierras
Morenas

Arenal
★ **Jardin Botanique**

Laguna de
Arenal

Ponts suspendus
★★★**Tabacón Resort**
▲ 1633 m Volcan Arenal

Tilarán

Parc national
Volcan Arenal

as

CORDILLERA DE TILARÁN

★ **Réserve
Santa Elena**

Santa Elena

Réserve Biologique
Bosque Nebuloso
de Monteverde

Limonal

★ **Ecogîte
San Luis**

Palma

Arizona

Guacimal

**Parc d'Avent.
Finca Daniel** ★

Refuge national
La Ensenada

Abangaritos

Manzanillo

San Gerardo

Unión

Refuge national
Peñas Blancas

Peñas Blancas

*Vers la
Vallée Centrale*

Pájaros

Rancho
Grande

Miramar

**Réserve Biologique
Isla Pájaros** ★

Chomes

San Isidoro

Santa Rosa

Barranca

Pitahaya

Barranca ☐ **Esparza**

Puntarenas

Jésus
Maria

San Mateo

GOLFO DE
NICOYA

Caldera

Zone Protégée
Tivives

**Hacienda
Doña Marta**

Orotina

Parc Iguana ★

San Pablo
de Turrubares

Tárcoles

0   25 km

Route principale
Route secondaire
☐ Ville importante
○ Village
★ Curiosité
Parc, réserve et refuge national

La cordillère de Guanacaste

Liberia

Avec 40 000 habitants, Liberia est la plus grande ville du Nord et la capitale de la province du Guanacaste. Centre d'élevage, la ville est passée en peu de temps de bourgade rurale et tranquille où il fait bon vivre parmi les *sabaneros* au statut de seconde ville du Costa Rica depuis que le pays délocalise et, surtout, depuis que l'aéroport est devenu international, désenclavant ainsi la région Nord et permettant aux touristes de rejoindre les plages de la Gold Coast dès la descente du charter.

Parc national Rincón de la Vieja

Le volcan qui a donné son nom au parc de 17 000 hectares n'est pas le plus élevé de cette région dominée par l'un des massifs volcaniques (au repos depuis les années 1960) de la cordillère de Guanacaste qui comprend également le Miravalles et le Santa María. En empêchant l'eau de s'évaporer, la forêt sèche qui les entoure est le point de départ des nombreuses rivières qui y prennent leur source. C'est pour protéger ce formidable réservoir que le parc Rincón de la Vieja a été créé dans les années 1970. À l'intérieur de la forêt, vous pourrez observer une multitude d'orchidées (symboles du Costa Rica), dont la *guaria morada*, et nombre d'oiseaux, y compris des aigles, de mammifères et d'insectes. Au sud du parc, ceux partant de l'entrée de Casona Santa María – une maison classée – mènent également aux bassins d'eau chaude (*aguas termales*, 3 km de marche) via le Bosque Encatado, un morceau de forêt primaire autour d'une cascade et à des sites volcaniques chauds (8 km) ou froids.

Volcans Tenorio et Miravalles

Le sud-est de la cordillère de Guanacaste est composé de deux massifs volcaniques, le volcan Miravalles (2 028 m) et le volcan Tenorio (1 916 m). Ils sont tous les deux endormis.

■ PARC NATIONAL DU VOLCAN TENORIO

Le parc national du Tenorio a une superficie de 18 402 hectares et a été créé en avril 1995. Il est d'une grande richesse quant aux différents écosystèmes et espèces qu'il abrite. La flore est très variée et présente une forêt toujours verte composée de forêt pluvieuse et de forêt nuageuse. On distingue une grande variété d'*héliconias* (hélicories), de bromelias et d'orchidées. Parmi les mammifères, on peut apercevoir des pumas, des tapirs (le plus grand mammifère d'Amérique centrale), des agoutis, des singes… ; sur ces flancs, le río Celeste (car coloré du bleu du ciel). La cataracte du río Celeste est une attraction naturelle de premier ordre, ainsi que la Laguna Azul (lac bleu). Ce lac est d'un bleu turquoise tellement beau que le poète Celso Alvarado a dit à son sujet : « C'est le lac où Dieu a lavé ses pinceaux après avoir peint le ciel. » Un autre lieu est très intéressant : le Zeñidero, où l'eau passe de la limpidité totalement transparente à la couleur turquoise du fait de gaz s'échappant des entrailles du volcan.

■ STATION BIOLOGIQUE HELICONIAS

Parc de 110 hectares avec des ponts suspendus de 64 m, 95 m et 104 m.

Laguna Azul au parc national du volcan Tenorio.

Liberia, capitale du Guanacaste.

Parc national Rincón de la Vieja.

Observation de la flore (arbres géants comme le *tabacon* et le *primiento* tous deux d'une hauteur de 55 m, le *zapote* de 50 m, l'*icaru Danto* de 35 m et le *pilon* de 70 m) et des oiseaux. Il y a aussi – mais très peu visibles – des singes (*colorado* signifiant brun, *arana* pour araignée et *carablanca* pour capucin), jaguars, tapirs, etc. Il s'agit pour tous ces arbres et animaux cités de nom locaux. Vue panoramique sur le volcan Miravalles, la vallée de Guatusos, et quand il fait très beau sur le lac Nicaragua.

La région d'Arenal

Lac Arenal

Inondant une grande partie de la vallée, le barrage a été construit en 1973 pour fournir en électricité la région du Guanacaste. Il y a deux ans, la production des usines hydroélectriques a été renforcée par l'installation d'un champ d'éoliennes qui semblent surveiller le sud du lac. Depuis les grands travaux, le lac est devenu une aire de distraction. On y vient pour pratiquer la pêche qui, paraît-il, est très bonne. Les moins patients pratiqueront la planche à voile, facilitée par de bons vents (moyenne de 20 nœuds). Dans la partie ouest du lac, pratiquez tout simplement le canotage ou la baignade.

Volcan Arenal et parc national

L'Arenal représente le volcan dans toute sa perfection conique et menaçante. Il est encore jeune et ses éruptions n'ont pas encore tronqué son sommet. Après trois mille années d'inactivité, on vivait près de cette montagne émergeant des collines luxuriantes sans

Volcan Arenal.

penser une seconde qu'elle pouvait présenter un danger. Mais en 1968, un violent tremblement de terre, suivi d'une importante éruption, a complètement détruit un village sur le versant ouest. Actuellement, c'est la nuit que l'on voit le mieux les coulées de lave en fusion et les projections de roches incandescentes sur le flanc nord. Le jour, on n'entend que les grondements sourds et quelquefois des explosions, mais c'est suffisant pour se faire une idée de la force prodigieuse du monstre qui s'est manifesté sérieusement en 2002 lorsqu'un pan de son cratère s'est effondré. Le sommet, voire le volcan tout entier, est souvent caché par les nuages, mais les fumerolles sont nettement visibles sur les flancs de la montagne avant de se confondre avec les brumes.

La Fortuna

À 6 km du volcan Arenal, la petite ville semble physiquement écrasée par la menace. Elle est pourtant vivante et sait parfaitement tirer profit de sa situation exceptionnelle.

■ CATARATA DE LA FORTUNA

Une autre attraction, plus rafraîchissante que le volcan, et qui peut être l'objet d'une balade de quelques heures (en marchant doucement). À partir de la rue principale, face au volcan, prenez la petite route sur la gauche en direction de Catarata. La chute d'eau est à 5 km mais la route est très mauvaise. À l'arrivée, vous remarquerez une formidable cascade qui dégringole dans un goulet étroit.

La cordillère de Tilarán

Cañas

Cañas, située sur l'Interamericana, est une petite ville dont la vocation est l'agriculture et l'élevage. Elle est également une étape pour les routiers, et un croisement important pour les visiteurs. En venant de San José ou de Liberia, c'est à Cañas que vous tournerez pour vous rendre au volcan Arenal, aux volcans Tenorio et Miravalles, ou à Palo Verde. Si le rafting vous tente, le río Corobicí vous attend. Les installations de rafting se voient distinctement avant le restaurant Corobicí en venant de San José.

■ PÉTROGLYPHES

À proximité de Cañas, sur l'Interamericana, un panneau indique un site où l'on peut observer des pétroglyphes récemment classés au patrimoine national.

■ PARC NATIONAL PALO VERDE

Un arbuste à la couleur vert tendre et aux délicates fleurs jaunes a donné son nom au parc. Le long de la rivière Tempisque, les marécages et la mangrove abritent des oiseaux aquatiques, palmipèdes et échassiers communs à toute l'Amérique centrale (279 espèces recensées). Sur les rives mêmes du río Tempisque, les crocodiles peuvent atteindre 5 m de long.

■ ECOMUSEO MINAS DE ABANGARES

Visite des mines d'or du XIXᵉ siècle en cours de sauvetage, salle d'exposition de matériel d'excavation et parcours de découverte, *canopy tour* (800 m de longueur), randonnées équestres, artisanat.

Tilarán

Toujours dans une région agricole dont on remarquera les collines pelées par les troupeaux de vaches. Le contraste est saisissant avec la végétation que l'on observe plus près de la mer. Après Tilarán, on commence à apercevoir les eaux placides de la Laguna Arenal dominées par le volcan sombre.

Santa Elena de Monteverde

La forêt tropicale humide qui entoure Monteverde est difficilement accessible, aussi, les habitants de cette région cherchent à conserver la route qui y mène dans son état actuel pour préserver leur forêt de la déforestation (visible à la lisière) et, par-dessus tout, leur mode de vie. Il y a une trentaine d'années, un groupe de quakers de l'Alabama, séduits par la politique pacifiste du Costa Rica, s'installa dans cette région et fut à l'origine des fermes laitières de la réserve biologique de Monteverde.

Aujourd'hui, cette région est l'une des principales attractions touristiques du Costa Rica.

■ RESERVA BOSQUE NUBOSO SANTA ELENA

Cette réserve est plus accueillante que celle de Monteverde, peut-être parce qu'elle est, pour le moment du moins, moins fréquentée. Les gardiens du centre d'information sont disponibles pour répondre à toutes les questions et ne demandent qu'à partager leur passion pour ce bout de terre préservé. Vous apprendrez ainsi que l'ouverture de Santa Elena n'est que le début du vaste projet de conservation de toute la région. Une superbe balade, à faire à pied, consiste à partir de Santa Elena vers le Grand Mirador au nord. Vous arriverez à une petite route des crêtes, surprenante par son parcours et les points de vue qu'elle vous offre. Le chemin est magnifique et la pause dans une *soda* en pleine forêt, irréelle !

■ RESERVA BIOLOGICA BOSQUE NUBOSO MONTEVERDE

Au cours de la visite de la réserve, vous aurez peut-être la chance d'apercevoir toutes sortes d'animaux comme le quetzal, emblème de la région, qui ne supporte pas la captivité. Cet oiseau nidifie dans les plus hauts et plus vieux arbres des forêts tropicales d'altitude. Le couple quetzal est un parfait exemple de partage des tâches au sein de la famille, la femelle couvant la nuit, le mâle (à la queue verte) le reste du temps. Le solitaire, à la tête noire, a un chant séduisant comparable à celui du rossignol. C'est le chant que l'on entend aux abords du volcan Barva. Vous observerez aussi d'étranges grenouilles, et si l'on vous parle du crapaud doré, ne vous désespérez pas de ne pas l'apercevoir : cela fait si longtemps que l'on n'en a pas vu que d'aucuns prétendent que l'espèce est éteinte ou qu'elle n'a peut-être jamais existé.

■ JARDIN DE MARIPOSAS OU BUTTERFLY GARDEN (LE JARDIN DES PAPILLONS)

Vous êtes alors dans une forêt recouverte d'un filet très fin, destiné à protéger les papillons de toutes les espèces qui peuplent la région. Par temps ensoleillé, ils seront beaucoup plus nombreux que sous un ciel nuageux. À l'entrée, une exposition décrit le cycle de reproduction des papillons et les guides du jardin vous fourniront toutes les explications désirées.

■ RANARÍO (FROG POND)

On estime que 40 % des amphibiens ont disparu du Costa Rica et le *ranarío* (« grenouillerie » en français) a pour but non seulement de les protéger, mais aussi de devenir une espèce de banque génétique. On y observe les grenouilles dans leurs différents habitats naturels recréés dans des terrariums aménagés par des spécialistes. Très pédagogique !

■ SERPENTARIO

Derrière une façade éloquente, la grande variété des spécimens présentés est intéressante, et il y a même plusieurs types de grenouilles, dont la minuscule grenouille rouge venimeuse, et une autre, d'un vert pomme si brillant qu'elle semble en plastique.

■ JARDIN DE ORQUIDEAS

Le passionnant et passionné Barbosa vous invite à visiter sa mini-forêt-jardin. On y observe plus de 400 espèces endémiques d'orchidées. Une loupe pour observer les plus petites orchidées du monde vous est remise à l'entrée.

La péninsule de Nicoya

Une péninsule montagneuse affrontant l'océan par des côtes rocheuses et sauvages tout en dégageant de magnifiques plages de sable fin, telle apparaît la péninsule de Nicoya aux nombreux voyageurs qui la fréquentent. Car avec sa forme de « tête de cheval de mer » ou de « pince de crabe » et le soleil de son climat tropical sec, la péninsule est toute tournée vers le tourisme.

Le Sud Papagayo

■ PLAYA PANAMA

C'est une succession de sable fin et noir, entouré de végétation exubérante. Il y a une petite mangrove à l'estuaire du río Rocha, riche d'oiseaux aquatiques et marins. Les plages isolées et encore naturelles plus au nord de Bahía Culebra ne sont pas pour le moment accessibles depuis Playa Panamá, sauf en barque; elles le sont par une autre route en revenant sur Liberia.

■ PLAYA HERMOSA

Elle est protégée par des promontoires de roches volcaniques à chaque extrémité recouverts de forêts tropicales sèches. Ainsi, bien abritée de la houle, elle est idéale pour la baignade, le kayak, le snorkeling et la plongée.

■ PLAYA DEL COCO

C'est la plage la plus accessible et la plus visitée de cette côte. Elle n'a donc rien d'une plage sereine ou tranquille, surtout pendant les vacances scolaires, car elle est prisée par de nombreux Ticos. Il est assez facile de pratiquer la plongée à partir de la côte et de nombreuses sorties sont proposées. Mais les plongeurs plus avisés préféreront aller à la Isla Catalina à une demi-heure de Playa del Coco, ou à Isla Murciélagos à une heure et demie.

■ PLAYA EL OCOTAL

Belle et grande plage au sud de Playa del Coco. Elle fait partie d'un grand et ambitieux projet Proyecto de Conservacion Playa esmeralda.

■ PLAYA PAN DE AZUCAR

Au sud de Playa Conchal, c'est une plage tranquille idéale pour la plongée avec tuba et un bon endroit pour passer quelques jours au calme.

■ PLAYA FLAMINGO

Plus au nord, Playa Flamingo doit sa renommée au complexe touristique qui s'y est développé. Alors qu'elle était auparavant connue sous le nom de Playa Blanca – ce qu'est réellement sa plage : blanche –, Playa Flamingo a failli ne devenir qu'une avancée rocheuse couverte de bâtiments roses, qui font des petits, gris béton à leur naissance. Mais le développement excessif a pu être évité et les abords de la plage conservent encore beaucoup de charme. Cette plage, très huppée et hors de prix, possède un assez grand port de plaisance et une piste d'atterrissage.

La péninsule de Nicoya

Vers le
acaste

Route principale
Route secondaire
◻ Ville importante
○ Village
★ Curiosité
Parc, réserve et refuge

Parc national
Barra Honda
Puerto
Moreno   18

Santa
Ana   Quebrada
Nacaome   Honda

Morote

Vers la côte pacifique centrale

Mansión   Puerto
Jesus   Nancite

Hojancha   21
San Pablo   GOLFE DE
NICOYA

ULE
OYA   Zapotal   Corozal   ◻ Puntarenas
Carmona
Monte   Canjel
Romó   Jicaral   Lepanto
Ora   ▲ 1018 m.   Playa
Cerro Azul   Naranjo
San Pedro   Cuajiniquil   Gigante   Réserve biologique
Isla Guayabo

Jabillo   162   Réserve biologique
Islas Negritos
Islita   Bongo   San Ramon
Jabilla   Paquera
Playa
Corozalito   San Francisco   Curú   Refuge national
de Coyote   Curú
Playa
Coyotte   Esperanza   Pochote
Playa Bongo   Tambor   Bahía
Ario   Ballena
Ario   Cóbano
Manzanillo
Montezuma
Playa
Santa Teresa
Malpaís   Cabuya

Réserve naturelle
Cabo Blanco

Sur la péninsule de Nicoya.

■ PLAYA BRASILITO

Juste entre Flamingo et Playa Conchal, la petite plage de Brasilito nous donne l'impression de vivre à une époque révolue. Les Costaricains pratiquent la pêche pendant que les visiteurs profitent de ce lieu typique.

■ PLAYA CONCHAL

Playa Conchal est nommée ainsi pour les brisures de coquillages qui tapissent sa rive. La plage, agréable, est fréquentée hors saison par les familles costaricaines qui viennent avec leurs « mascotas ». La musique s'échappe des voitures, garées sous les arbres, dont on laisse les portières ouvertes. L'autre intérêt de cette plage est son récif qui la protège des forts courants du large et la rend propice à la baignade des enfants et à l'observation des poissons.

La Gold Coast

La Gold Coast ou Costa de Oro, c'est le nom que les Américains ont donné à la côte Tamarindo-Flamingo.

■ TAMARINDO

À une quinzaine de kilomètres au sud de Huacas, Tamarindo est une longue plage de sable presque blanc à l'intérieur de la zone protégée de Las Baulas. Elle doit son nom aux tamariniers qui la bordent. Bonne pour le surf ou la planche à voile, elle est suffisamment protégée pour être appréciée par les baigneurs peu téméraires, mais il vaut mieux se renseigner avant de plonger, certaines zones étant soumises à des courants traîtres. De chaque côté de Tamarindo, les vagues sont encore meilleures pour le surf, surtout aux alentours des embouchures des rivières, mais il faudra porter votre planche sur quelques kilomètres le long de la plage avant de trouver le bon endroit. En ce qui concerne les infrastructures, Tamarindo est certainement le lieu qui s'est le plus développé au Costa Rica.

■ PLAYA GRANDE

À Playa Grande, ce sont les *leatherback turtles* (*tortugas baulas* en espagnol, les

tortues luth en français) qui viennent enfouir leurs œufs depuis des millénaires. Peu de plages au monde ont l'honneur de recevoir la visite de ces mastodontes (il n'est pas rare que quelques spécimens atteignent 500 kg pour 2 m de long), mais il y en a trois rien qu'au Costa Rica. Les *baulas* pondent entre décembre et mars sur cette plage, étroite et venteuse, sinistre quand il pleut. À l'entrée, un avertissement en anglais et en espagnol rappelle que les tortues choisissent toujours le même endroit pour pondre leurs œufs, il est interdit de dégrader la plage, de quelque façon que ce soit, sous peine de ne plus jamais revoir les reptiles. C'est pourquoi, malgré ses vagues excellentes pour le surf, l'accès de Playa Grande est contrôlé par des gardiens.

■ EL MUNDO DE LA TORTUGA

Deux Toulousains et une Agenaise ont ouvert un musée de la Tortue, l'unique d'ailleurs… On s'y promène avec un casque sur les oreilles dans les salles où l'on vous explique (en français, anglais, espagnol ou allemand) les différentes étapes de la ponte à l'aide de posters géants. Ce local est relié par talkies-walkies aux volontaires qui travaillent sur la plage à côté de l'hôtel Las Tortugas. Les bénéfices vont à l'aménagement de la plage et à la surveillance contre les voleurs.

La côte occidentale

Sámara et ses environs

Les plages qu'on longe au nord de Santa Teresa (Playa Arío, Playa Coyote, Playa San Miguel ou Playa Bejuco) sont extraordinaires, immenses et presque désertes. Pour faire rêver : Playa San Miguel fait 10 km de long ! Un peu plus loin, Playa Islita longe une anse encore tranquille, presque protégée par le complexe de luxe de Punta Islita. En arrivant par l'intérieur de la péninsule, Carrillo est la première plage, déserte ou presque. Ici, les plages longues et blanches, aux eaux calmes et protégées par un récif, sont idéales pour la baignade, la plongée et la planche à voile. Playa Sámara une splendide plage de sable blanc de 7 km, protégée par une barrière de corail, riche en faune marine. Playa Buena Vista est la plage se trouvant sur la droite de Sámara lorsqu'on est face à la mer. C'est une superbe crique sauvage.

Guiones, Nosara et Ostional

Autour de Nosara, la région forme la réserve faunique d'Ostional, du nom de la magnifique plage suivante, refuge des tortues Olive Ridley qui viennent y pondre leurs œufs entre juillet et novembre. Sur cette plage, et sur celle de Nancite plus au nord, les tortues viennent en permanence, mais à certaines périodes, elles sont des milliers à s'y s'échouer. Ces débarquements sont appelés *arribadas* et ont lieu principalement entre septembre et décembre. À l'occasion de ces *arribadas*, c'est la fête au village. Les premiers œufs pondus sur la plage sont traditionnellement ramassés par les habitants regroupés en coopérative, et vendus pour être dégustés jusque sur les marchés de San José. Ce geste n'est pas criminel et, de toute façon surveillé ; par ailleurs, ces œufs seraient écrasés par la seconde arrivée des futures mères. Les bénéfices sont partagés et destinés au développement de la communauté.

Playa Junquillal et Playa Avellana

Playa Junquillal, la reine du surf, est tout aussi dangereuse, voire plus, que Playa Grande plus au nord. Playa Avellana l'est un peu moins et est, par conséquent, un peu plus fréquentée. Ces deux plages sont longues, très longues et les occasions de se loger dispersées en conséquence.

Le Sud de la péninsule

Située au nord-ouest du pays, la plus grande péninsule du Costa Rica, la patte antérieure de la tortue, a connu et connaît toujours un important engouement touristique avec le Guanacaste voisin. Ses longues plages bénéficient d'un climat clément beaucoup moins pluvieux qu'ailleurs et si elles ne sont pas toujours accessibles ou praticables par tous, elles sont souvent idéales pour les surfeurs.

■ REFUGE DE CURU

Refuge pour des milliers de crabes, de bernard-l'ermite et à des petits insectes. Les eaux calmes de cette plage sont propices à la plongée avec tuba. Au cours de balades sur les cinq sentiers de randonnée (malheureusement peu entretenus) qui sillonnent les terres, vous pourrez apercevoir des singes (hurleurs, à face blanche et des paresseux), des tortues, des iguanes et certainement un représentant de l'une des 115 espèces d'oiseaux répertoriées en ces lieux. Les plantations de bananes servent à nourrir ces animaux.

■ BAHÍA BALLENA ET PLAYA TAMBOR

Comme son nom l'indique, Bahía Ballena recevait souvent la visite de baleines dans les eaux chaudes et calmes de sa profonde baie. C'est ici que la famille Barceló a développé son complexe balnéaire, malgré l'avis contraire de nombreux opposants. Pochote, à 15 km de Paquera, et Tambor sont de superbes plages calmes et parfaites, abritées au creux de Bahía Ballena. La marina de Bahía Ballena permet aux plaisanciers de refaire le plein d'eau douce et de carburant, en mettant à leur disposition une trentaine d'emplacements où mouiller, sans avoir à se rendre à Puntarenas. Ce qui permet également d'éviter les *papagayos*, ces vents violents qui remontent la côte nord-ouest du Costa Rica, avant de s'engouffrer dans le golfe de Nicoya pour reprendre des forces.

■ MONTEZUMA ET CABUYA

Même si Montezuma pâtit de sa grande popularité parmi les campeurs et les randonneurs, la beauté de sa petite plage presque intimiste, de ses anses rocheuses et de ses chutes d'eau place le village de pêcheurs dans le peloton de tête du classement des petits paradis costaricains. Outre les petites plages de Montezuma, vous pouvez batifoler dans l'eau douce d'un bassin naturel alimenté par de superbes cascades, à 20 minutes à pied au sud du village. Une falaise vous permettra également de plonger.

■ PLAYA GRANDE

En partant de Montezuma, compter 30 minutes de marche vers le nord pour

Église coloniale de Nicoya.

trouver cette plage aux eaux calmes et peu profondes, protégée des puissants courants qui longent la côte.

■ RÉSERVE NATURELLE ABSOLUE DE CABO BLANCO

À la fin des années 1960, la réserve de Cabo Blanco fut la première du programme de développement des parcs nationaux du Costa Rica. Un biologiste danois, sensibilisé au problème de déforestation, encouragea la création de cette réserve « absolue » dont la plus grande partie n'est accessible qu'aux scientifiques. Il est donc impossible d'y camper. Le nom de cette pointe de la péninsule provient du dépôt blanchâtre du *guano* sur les rochers de la minuscule île au large de la réserve. En effet, de nombreux oiseaux fréquentent les parages. Compter cinq heures pour la visite.

■ PLAYA BALISTAS

Suivre le sentier Sueco en contournant la pointe de Cabo Blanco. Comptez deux bonnes heures de marche à l'aller pour cette véritable randonnée.

En route, les singes hurleurs vous attaqueront de façon surprenante, mais le spectacle des colonies de pélicans sur le sable rose vous fera sourire de ces « averses »…

■ MALPAÍS ET SANTA TERESA

Les deux villages s'étendent sur 3 à 4 km en bordure du Pacifique : Malpaís à gauche jusqu'à une petite falaise (environ 5 km), Santa Teresa à droite le long du chemin qui remonte vers le nord (Manzanillo de Arío). C'est l'un des paradis des surfeurs et des amoureux des côtes sauvages où la vie coule doucement. La plage de Manzanillo, plus calme et protégée des courants, est idéale pour la baignade en famille.

■ MANZANILLO

Caché à une extrémité de la péninsule, synonyme de tranquillité et de beautés naturelles, avec ses maisons rustiques et l'amabilité de ses habitants, Manzanillo saura vous plaire. Les récifs protègent la plage des rouleaux et des courants marins, la rendant ainsi propice aux loisirs familiaux.

VISITE

La péninsule de Nicoya

125

Les grandes plaines du Nord

Des montagnes au nord de la Vallée centrale, par les cantons de Heredia et d'Alajuela, jusqu'à la frontière du Nicaragua s'étendent des plaines tropicales appelées llanuras. Elles sont tropicales par leur climat, chaud et relativement sec, et leur végétation haute et toujours verte. Du côté du Guanacaste, région délimitée par la cordillère du même nom, le climat est plus sec. À l'inverse, plus on se rapproche de la côte caraïbe, plus la saison sèche est courte, voire inexistante, et le climat en permanence humide. Ce climat, plutôt mixte, est à l'origine de l'appauvrissement écologique de la région.

La région de Caño Negro

Une seule route pour s'y rendre mais deux itinéraires possibles… La première solution consiste à suivre tout droit la route asphaltée en partant de Ciudad Quesada/Muelle. Les esprits plus compliqués et peut-être un peu plus rêveurs peuvent opter pour la route de San Rafael qui mène à Upala et bifurquer à Colonia Puntarenas en direction de Caño Negro. Après, c'est le bateau sur le río Frío. Une route fantomatique suit le fleuve, mais le 4x4 est obligatoire !

Refuge national de la vie sylvestre de Caño Negro

Créé en 1984, les 10 000 hectares (la superficie de Paris intra-muros) du refuge Caño Negro abritent une quantité incroyable d'espèces animales et particulièrement d'oiseaux migrateurs. 307 espèces d'oiseaux dont le jabiru (1,35 m, le plus grand oiseau d'Amérique centrale), le héron vert, l'ibis, et 101 espèces d'oiseaux migrateurs dont poules d'eau, cigognes, cormorans, hérons ou canards qui constituent les colonies les plus fréquemment présentes aux environs du lac de 870 hectares et des 12 lagunes. Mais attention : le lac dépend des pluies et disparaît presque à la fin de la saison sèche, en avril. Un mystère d'ailleurs car en temps normal il y a quelques 7 000 caïmans… Où passent-ils ? Parmi les poissons, il y a le gaspard (poisson préhistorique dont le dos est recouvert de parties osseuses) et le tarpon (2 m, 130 kg) qui a la particularité d'être aussi bien d'eau douce que d'eau salée. La meilleure période d'observation se situe entre janvier et mars. Du fait de l'éloignement de ce refuge des centres urbains et de son calme relatif, la quantité enregistrée de mammifères tels que le puma, le tapir, le jaguar et autres est sensiblement plus élevée qu'ailleurs (160 espèces de mammifères). Sachez qu'il faut avoir une licence pour pêcher pendant la saison des pluies et qu'il est interdit d'attraper quoi que ce soit entre avril et juin.

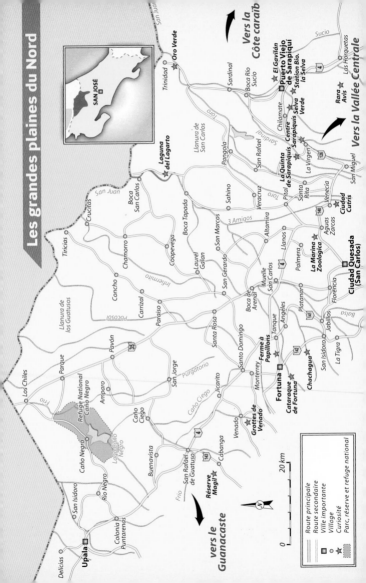

Les grandes plaines du Nord

SAN JOSÉ

Vers la Côte caraïb

Vers la Vallée Centrale

vers le Guanacaste

San Juan

Sucio

San Juan

Oro Verde

Trinidad

Sandinal

El Gavilán

Boca Río Sucio

Puerto Viejo de Sarapiquí ★ Station Bio. la Selva

Las Horquetas

Chilamate

Centre Sarapiquís

Selva Verde

Rara Avis

Laguna del Lagarto

Pangola

San Rafael

La Quinta de Sarapiquí

La Virgen

San Miguel

Pital

Santa Rita

Venecia

Llanura de San Carlos

Toro

Sahino

Veracruz

Ciudad Cutris

San Juan

Boca San Carlos

Boca Tapada

San Marcos

3 Amigos

Altamira

Aguas Zarcas

La Marina Zoológica

Crucitos

Chamorro

Coopevega

Lauriel Galán

San Gerardo

Llanos

Muelle San Carlos

Ciudad Quesada (San Carlos)

Tiricias

Infiernito

Palmera

Florencia

Balsa

Concho

Carrizal

Paraíso

Santa Rosa

Boca de Arenal

Platanar

La Tigra

Jabillos

Llanura de los Guatusos

POCOSOL

Ángeles

San Isidoro

Pavón

Santo Domingo

Tanque

Monterrey

Ferme à Papillons

Chachagua

Parque

San Jorge

Jicarito

Purgatorio

Caño Ciego

Fortuna

Cataraque de Fortuna

Los Chiles

Amparo

Caño Ciego

Venado

Grottes de Venado

Réfuge National Caño Negro

Caño Negro

Buenavista

Cabanga

San Rafael de Guatuso

Réserve Magil

Laguna Caño Negro

Frío

San Isidoro

Río Negro

Colonia Puntarenas

Delicias

Upala

Frío

20 km

N

0   20 km

Route principale
Route secondaire
Ville importante
Village
Curiosité
Parc, réserve et refuge national

Le tour dure à peu près cinq heures et offre une excellente occasion d'observer une faune abondante (singes, tortues vertes, paresseux, lézards et caïmans, perroquets, toucans et papillons…).

Los Chiles

La construction de Los Chiles remonte à la grande époque du trafic commercial sur le río San Juan, seule voie d'accès entre l'océan Atlantique et ces régions du centre. Environ 8 000 habitants vivent aujourd'hui à Los Chiles, alors que la ville a un peu perdu de son importance commerciale et politique. Dans les années 1980, le passage de Los Chiles était fermé pour cause d'activité contra. Il a fallu attendre les élections présidentielles de 1990 et le retour au calme pour que la frontière soit rouverte aux touristes, pour peu qu'ils soient en règle. Depuis quelques années, des sociétés à capitaux américains se lancent dans la production intensive de fruits comme les oranges ou les citrons qui s'épanouissent sur cette terre rougie par la latérite rouge. C'est un nouveau marché, qui amorce le développement commercial de la région. On aperçoit de la route des usines rutilantes qui détonnent un peu dans le paysage. Les investisseurs à la recherche de terrains idéaux et peu chers se tournent maintenant vers le Nicaragua, de l'autre côté de la frontière du Costa Rica, et se mettent à acquérir des surfaces impressionnantes. Cela devrait amener les gouvernements des deux pays voisins à faciliter dans l'avenir le passage de la frontière à Los Chiles, aussi bien pour le commerce que pour le tourisme.

La région de Sarapiquí

Au départ de San José, la route longe vers le nord les plantations de café, traverse Heredia puis le petit village colonial de Barva. Cette route, qui ne cesse de grimper, est un peu dangereuse par temps de pluie. À la hauteur de la localité de Varablanca, entre les volcans Poás et Barva, on roule à 2 000 m d'altitude. Voilà une excellente occasion d'admirer le magnifique panorama qui se déroule à vos pieds et d'observer la forêt sous un nouvel angle. À 8 km de Varablanca, un petit pont dans un virage traverse le río La Paz. Arrêtez-vous sur le bas-côté pour

© STÉPHANE SAVIGNARD

Les grandes plaines du Nord.

admirer la catarata La Paz – en fait une série de six chutes d'eau récemment aménagées de passerelles et de petits ponts de bois au sein du complexe récréatif La Paz Waterfalls Gardens. La rivière descend les pentes du Poás sur 8 km avant de former les impressionnantes cascades La Paz, heureusement faciles d'accès. Un sentier permet de passer derrière la chute d'eau. À La Cinchona, une petite localité sur la route de Puerto Viejo, demandez à la *soda* El Mirador au-dessus de la chute San Rafael si quelqu'un peut vous guider vers d'autres cascades, tout aussi spectaculaires, mais un peu plus retirées. Juste après Cariblanco, un chemin sur la gauche mène à un petit lac, Laguna Hule, qui occupe le fond d'un ancien cratère. Si vous ne pêchez pas dans ce petit lac, n'hésitez pas à parcourir les 10 km de chemin malaisé pour profiter du bout de *rainforest* tout à fait vierge qui l'entoure et prendre le temps de surprendre les oiseaux. Près de La Virgen del Socorro, les rapides de la rivière sont appréciés par les kayakistes de classe II ou III ; les classes I et II se retrouvent plutôt à Chilamate, plus au nord.

Puerto Viejo de Sarapiquí

Ancien port fluvial de première importance, Puerto Viejo de Sarapiquí permettait le transit des marchandises, principalement des bananes, sur le río Sarapiquí vers San Juan, puis vers l'Atlantique avant l'avènement du chemin de fer. Actuellement, il n'y a plus guère que des touristes sportifs ou des gens du cru qui s'engagent sur les eaux du Sarapiquí. La petite ville de 6 000 habitants est devenue calme, un peu endormie dans la chaleur de l'après-midi quand les ouvriers sont

au travail dans les bananeraies des environs. Puerto Viejo est le point de départ de tours en bateau sur le río Sarapiquí au cours desquels on vous montrera d'énormes iguanes, des lézards Jésus-Christ et des basilics, des singes hurleurs, une grande quantité d'oiseaux, de petites chauves-souris grises plaquées sur les troncs d'arbres et des crocodiles. Quelques kilomètres au sud-est de la ville, sur la route qui va vers Horquetas, une coopérative animée par des femmes (MUSA) produit et vend toutes sortes d'herbes aromatiques, médicinales et cosmétiques tout en prodiguant de nombreux conseils pour leur utilisation. Toujours au sud de Puerto Viejo, à 8 km de la petite ville, près du pont du río Isla Grande, un véritable jardin d'*héliconias* a été aménagé sur un bout de terre de 2 hectares émergeant des eaux du río Viejo.

■ CENTRO NEOTROPICO SARAPIQUIS
Musée d'Art précolombien et parc archéologique montrant les restes de sépultures indiennes, jardin botanique bien organisé et *canopy walk* vers la réserve de Tirimbina.

■ JARDIN DE SERPIENTES
Plus d'une quarantaine d'espèces de serpents et de reptiles locaux ou non.

■ ESTACION BIOLOGICA LA SELVA
Station écologique à vocation éducative et scientifique fondée par l'Organisation des études tropicales (OTS) qui, depuis 1963, regroupe quarante-six universités et deux musées d'Histoire naturelle des Etats-Unis, de Puerto Rico et du Costa Rica. La Selva est située à l'extrémité nord du parc national Braulio Carrillo, au sud de Puerto Viejo.

Les 1 400 hectares de la réserve correspondent à peu près au territoire de chasse des pumas ou des jaguars ; on y recense un nombre incroyable d'espèces d'arbres, d'oiseaux migrateurs ou non, de reptiles et de mammifères. Au sein du centre de recherche, outre les cours et interventions dispensés aux étudiants et aux chercheurs, on invite plusieurs fois par an des chefs d'entreprise du monde entier susceptibles d'être sensibilisés à l'écologie tropicale dans le cadre de leurs activités industrielles. Environ 50 km de sentiers balisés permettent d'observer les oiseaux, mais par temps de pluie, le sol déjà humide devient totalement impraticable. C'est pourquoi quelques sentiers sont bordés d'une sorte de trottoir. Avis à tous : attention aux serpents !

Rara Avis

L'Américain Amos Bien est venu pour la première fois au Costa Rica en 1977 pour y étudier la forêt tropicale. Devant la multitude et la complexité des écosystèmes qu'il a pu découvrir durant ses études, il a décidé de se consacrer à la pérennité de ces richesses incroyables. Il commença par La Selva, puis fonda le parc Rara Avis qui couvre actuellement 1 300 hectares de forêt tropicale humide à 700 m d'altitude sur les contreforts de la cordillère centrale, à la frontière du parc national Braulio Carrillo, sur le flanc est du volcan Cacho Negro. La biodiversité de cette réserve est quelque chose d'extraordinaire. Il y a en effet 367 espèces d'oiseaux sur les 820 que compte le Costa Rica, et 157 espèces d'orchidées. Pour mieux se rendre compte de cette richesse, il suffit de retenir que, sur ce petit bout de territoire, il y a plus d'espèces de plantes, d'oiseaux et de papillons que dans toute l'Europe réunie. Le projet de Rara Avis diffère des autres. En effet, il aborde le problème de la destruction de la *rainforest* sous l'angle économique. Plutôt que de taper sur les doigts des destructeurs, Amos Bien préfère les convaincre qu'il est possible d'exploiter la forêt sans en perdre une parcelle à condition que les intérêts réels de ce milieu particulier (plantes médicinales entre autres) soient connus et qu'une bonne gestion soit appliquée. L'écotourisme est l'un des premiers fers de lance du combat contre l'ignorance et les profits. Ensuite viennent les projets éducatifs qui découlent des recherches menées au sein de la réserve. Par exemple, une certaine variété de palmier qui ne pousse qu'à l'ombre (*stained glass palm*) a été récemment redécouverte dans la forêt de Rara Avis : on le croyait complètement disparu du Costa Rica. On a récolté sa semence pour la réintroduire dans les meilleures conditions dans son habitat et il est maintenant « cultivé » sous serre comme plante ornementale. Dans le même ordre d'idée, Isidro Cacón, qui travaille aussi au musée d'Entomologie de San José, a créé sous l'égide du WWF une ferme de papillons dans l'enceinte du parc. Cette ferme élève des papillons destinés aux expositions permanentes de papillons en Europe et se propose de transmettre les résultats de ses observations aux musées du monde entier. Mais l'initiative la plus novatrice de Rara Avis est celle menée par Donald Perry. Il s'agit d'une sorte d'ascenseur télécommandé qui pénètre au plus profond de la voûte formée par les arbres de la *rainforest*. Une nouvelle dimension est ainsi apportée au spectacle, sans comparaison avec celui que procuraient les jumelles.

Isla del Coco

Géographie

Ce pourrait être, à quelques 500 km au sud-ouest du Costa Rica (latitude 5° 32' – longitude 87° 05'), le mythe absolu de l'île vierge. Ce pourrait être aussi l'île d'un Robinson qui aurait pu vivre dans cette prison insulaire la vie la plus sauvage qui soit, bien qu'il semble que l'homme n'ait jamais eu droit de cité ici. Les rares tentatives pour peupler l'île a la fin du XIXe siècle et au début du XXe siècle ont toutes échoué. Ce pourrait être… Mais la Isla del Coco est tout simplement une île de paradis émergée loin des hommes, bien protégée par le grand océan. Elle appartient à la chaîne volcanique des Cocos (du nom de la plaque des Cocos qui fait tant de misères « tectoniques » au continent américain) et qui s'étire jusqu'aux îles Galápagos. Ce caillou de 52 km², long de 12 km et large de 5 km – un grain de sable dans le Pacifique –, culmine à 634 m au Cerro Iglesias. Son humidité attira l'attention des marins qui, dès sa découverte en 1526 par l'Espagnol Joan Cabezas, y trouvèrent les indispensables réserves d'eau pure, mais aussi des fruits frais – notamment la noix de coco – grâce auxquels les équipages épuisés pouvaient lutter contre le scorbut. Ensuite, des rumeurs – légendes ? – lui valurent d'innombrables et infructueuses expéditions. En effet, de nombreux pirates y auraient enterré leurs trésors. Et depuis, les chercheurs de trésors espèrent trouver le gros lot ; les permis de recherche rapportent même des revenus au gouvernement ! C'est peut-être ça le trésor… De trésors, nul n'en a trouvé les traces, sans doute depuis longtemps recouvertes par l'épaisse végétation due à des précipitations extrêmes (jusqu'à 7 000 mm par an – soit dix fois plus d'eau qu'à Paris). Ce minuscule îlot aurait inspiré sir Conan Doyle – le célèbre auteur anglais des récits de *Sherlock Holmes* – pour son *Monde perdu* écrit en 1912, ainsi que Michael Crichton pour *Jurassic Park*. On voit d'ailleurs la silhouette de l'île au tout début du film de Spielberg quand un hélicoptère survole une île dont le relief vertigineux plonge dans des eaux transparentes.

© STÉPHANE SAVIGNARD

Isla del Coco.

*De nombreuses fleurs tropicales colorent
les sentiers de randonnée de la Isla del Coco.*

faune marine est aussi exceptionnelle ; des eaux riches en phytoplanctons et des courants tourbillonnants créant des conditions de vie hors du commun. Au milieu du récif corallien, des myriades de poissons festoient de ces riches repas, devenant eux-mêmes repas pour les autres… jusqu'au bout de la chaîne alimentaire. Ainsi les plongeurs peuvent fréquenter en grand nombre des raies pastenagues, raies manta, requins-marteaux, requins à nez blanc et même le grand, mais paisible, requin baleine. Bref, c'est un monde fabuleux, merveilleux et inquiétant qui vous attend sur la Isla. Des sentiers, connus par les chasseurs clandestins attirés par l'abondance du gibier, permettent d'en faire le tour.

Aujourd'hui, malgré son isolement, la Isla del Coco jouit d'une réputation qui la situe à part dans l'écosystème planétaire. De quoi attirer les écolos les plus radicaux ! On y a répertorié près de trois cents espèces animales et végétales qui n'apparaissent nulle part ailleurs dans le monde, mis à part quelques lointains cousins aux Galápagos.

Faune

L'île, habitée par 90 espèces d'oiseaux pour lesquelles se damneraient les amateurs de plumages enchantés, se targue d'abriter trois espèces uniques au monde : le coucou des Cocos, le pinson (une sous-espèce du pinson des Galápagos) et le moucherolle (un gobe-mouches). N'oublions pas l'oiseau de l'Esprit-Saint (une sterne blanche à bande noire), et de curieux fous, certains à pattes bleues, d'autres à pattes rouges. Mentionnons quelques lézards rares à stries noire, rouge et dorée. La

Les trésors de la Isla del Coco

Entre 1624 et 1821, les pirates William Davies, Benito Bonito dit l' « Epée sanglante » et William Thompson auraient enterré une partie de leur butin sur l'île. Si certaines des légendes paraissent tout à fait improbables, celle concernant la Vierge à l'Enfant en or cachée par Thompson aurait quelque vérité. Mais évidemment pas question d'embarquer avec son détecteur de métaux vers ce sanctuaire, déclaré patrimoine de l'humanité en 1998 par l'Unesco. Cependant, le ministère des Ressources naturelles délivre des permis de recherche. Comme quoi les trésors des pirates – matières sonnantes et trébuchantes d'origine en principe douteuse – peuvent être considérés par des gouvernements comme des ressources naturelles (?). Alors, si vos espoirs de trésor viennent de s'évanouir, faites un dernier rêve : Coco est un trésor…

Fougères arborescentes
© STÉPHANE SAVIGNARD

Pense futé

Adresses utiles

■ CONSULAT DE FRANCE AU COSTA RICA

Apartado 10177
Quartier de Curridabat
1000 San José ✆ (+506) 2234 41 67
Fax : (+506) 2234 41 97
www.ambafrance-cr.org

■ AMBASSADE DU COSTA RICA EN FRANCE

4 square Rapp 75007 Paris
Ambassade ✆ 01 45 78 96 96
www.ambassade-costarica.org
Ouvert du lundi au vendredi de 10h30 à 17h pour l'ambassade.
Consulat ✆ 01 45 78 50 93
Le lundi de 9h30 à 14h30 et du mardi au vendredi de 10h à 15h.

Argent

Monnaie

La monnaie locale est le colón et vient de Cristóbal Colón (le découvreur de l'Amérique : vous l'avez deviné !). L'unité monétaire du Costa Rica est divisée en 100 centavos ou centimós et signalée par un « ¢ » (en réalité ce sont deux barres qui traversent le « c »). Les billets sont de 10 000, 5 000 (bleu, le Tucán), 1 000 (rouge), 500 (orange), les pièces de 500, 100, 50, 20, 10, 5 colones.

Pourboire

Le service (10 %) est normalement compris dans la *cuenta*, mais cela n'est pas toujours appliqué. Aussi pour éviter

Faire – Ne pas faire

Il n'y a pas vraiment de tabous au Costa Rica et le sujet le plus sensible – la politique, et actuellement la corruption – est souvent source de rigolade entre Ticos. Peut-être que douter de la beauté du pays ou critiquer trop vivement ses efforts de préservation pourrait mal passer auprès de vos interlocuteurs, mais ce serait surtout à cause de votre mauvaise foi. Non vraiment, les Costaricains étant toujours prêts à plaire, il y a peu de chance que vous tombiez sur le sujet qu'il ne fallait pas aborder. En revanche, votre comportement sera certainement jugé sévèrement si vous ne montrez aucun respect envers l'environnement, et surtout envers les animaux. Mais si cela arrive, que faites-vous donc au Costa Rica ?

les mauvaises surprises, prévoyez d'augmenter votre budget moyen d'au moins 10 %. Le pourboire (*propina, tips*) est selon votre bon vouloir et selon la qualité du service.

Bagages

Des vêtements amples et légers, des tee-shirts ainsi que des tenues en coton sont conseillés sous ce climat chaud et humide, qui sévit la majeure partie de l'année. Evitez les tissus épais ou synthétiques qui sèchent lentement ! Pour la marche, emportez ce que vous voulez pourvu que ce soit confortable en montagne, que ça ne craigne pas

les averses brutales ou la boue, le sel de la plage… vos « Pataugas » parfaits ! Un imperméable, de type poncho, préférable à un parapluie, encombrant et de peu d'utilité sous une violente averse, vous sera fort utile. Pour les randonnées en forêt, de bonnes chaussures, des chaussettes et des pantalons longs sont bien plus confortables que des nu-pieds ou un short qui ne protègent pas des branchages et des morsures d'insectes. Les nuits et même les journées en altitude peuvent être fraîches (les températures descendent jusqu'à 3 ou 4 °C) : prévoyez donc un bon lainage ou une polaire, légère et chaude, et un coupe-vent efficace. Pour sortir, les Costaricains aiment s'habiller (les paillettes sont de rigueur chez les femmes). Prévoyez dans vos bagages une tenue qui peut servir en de telles occasions.

Électricité

110 volts AC. Les prises électriques sont de type américain, à fiches plates, mais la plupart des installations récentes acceptent les nôtres. À défaut, on trouve assez facilement des adaptateurs (*adaptadores*) côté mâle « américain » côté femelle « européen » dans les magasins d'électricité générale pour ¢500.

Formalités

Le visa n'est pas exigé pour les ressortissants français qui désirent se rendre au Costa Rica si le séjour n'excède pas 90 jours : un passeport est suffisant. Attention cependant, toute personne qui quitte le Costa Rica par l'aéroport international doit s'acquitter d'une taxe de 26 US$ (ou la somme équivalente en colones). Si vous voyagez avec votre chat ou votre chien, il lui faut un passeport. Une période de quarantaine est aussi souvent obligatoire et vous devrez remplir des formalités spécifiques.

▶ **Conseil futé :** avant de partir, pensez à photocopier tous les documents que vous emportez avec vous.

© STÉPHANE SAVIGNARD

La Paz Waterfalls Gardens à Varablanca.

Vous emporterez un exemplaire de chaque et vous laisserez l'autre à quelqu'un en France. En cas de perte ou de vol, les démarches de renouvellement seront beaucoup plus simples auprès des autorités consulaires.

Langues parlées

La langue officielle est l'espagnol (le castillan). Mais on parle aussi l'anglais créole sur la côte caraïbe (2 %) et des dialectes précolombiens pratiqués par les Indiens (1 %). Les langues utilisées dans les affaires sont l'espagnol et l'anglais ; le français n'est pas négligé (environ 10 000 personnes). On parle donc le castillan au Costa Rica mais il y a des mots propres à l'Amérique centrale (*ahorita* qui signifie « dire tout de suite », *carro* au lieu de *coche* pour « voiture », etc.). De plus en plus de personnes parlent l'anglais – tourisme oblige –, et dans les hôtels on vous parle d'abord en anglais… avant de s'apercevoir que vous pouvez parler leur langue maternelle.

Quand partir ?

La saison sèche, entre décembre et avril, peut évidemment paraître la meilleure : il ne pleut pas, le soleil brille en permanence et les températures sont plus élevées ; c'est aussi la pleine saison et les touristes sont nombreux, les hôtels sont complets et les plages bondées. Si vous ne pouvez choisir une autre période que celle-ci, préparez soigneusement votre voyage et réservez au moins trois mois à l'avance votre hôtel et votre location de voiture. Pour plus de tranquillité, et surtout pour profiter des meilleures conditions qu'offrent les infrastructures touristiques, choisissez les autres mois.

Raffinement et détente à la Casa Turire à Turrialba.

La saison des pluies, dite la saison verte, commence en mai, mais depuis quelques années le climat est assez clément jusqu'en août. En juillet, il y a presque toujours une période de beau temps, appelée *veranillo* (petit été), qui dure à peu près quinze jours. Les pires mois sont septembre et octobre, surtout en ce qui concerne les transports (certaines routes peuvent être bloquées pendant plusieurs semaines à la suite des pluies qui ne se calment qu'en novembre). Particularité : la côte caraïbe est souvent ensoleillée à cette période. Toutefois, les avantages du voyage en basse saison sont nombreux : rabais dans les hôtels, tem-pératures plus clémentes, paysages plus verts… À savoir : plus la matinée sera ensoleillée, plus la pluie tombera violemment au cours de l'après-midi.

Santé

Aucun vaccin n'est obligatoire au Costa Rica. Mais les vaccins contre le tétanos, la diphtérie et l'hépatite A (à moins d'être immunisé) sont recommandés. Les plus prudents et les plus aventureux devront y rajouter l'hépatite B ainsi que la fièvre typhoïde. Planifiez vos vaccinations plusieurs semaines avant le départ. Il est nécessaire de prendre ses précautions contre la dengue et le paludisme. Enfin, si l'eau est potable, les corps fragiles veilleront à n'en consommer qu'en bouteille. Les plus fréquents des problèmes de santé sont la diarrhée, les infections des voies aériennes et les maladies de peau. En forêt, il est fréquent de se faire piquer par des insectes dont certains peuvent transmettre des maladies de peau (leishmaniose, puce-chique…) qui peuvent se révéler après le retour. De plus, les piqûres d'insectes se surinfectent facilement en milieu tropical : il faudra être attentif aux petits bobos et veiller à éviter les piqûres principalement par une couverture vestimentaire correcte.

Sécurité

Partout on vous dira de faire attention au vol mais, s'il n'est pas plus fréquent qu'ailleurs, il faut toutefois signaler que certains lieux sont propices à ce délit (Limón, Quepos, Jacó, certains quartiers de San José). La paranoïa nord-américaine a galopé jusqu'au Costa Rica et de nombreuses maisons se sont hérissées de barbelés et repliées derrière des grilles qui doivent faire le bonheur des forgerons. Cela dit, les précautions élémentaires sont également valables au Costa Rica : surveillez vos affaires, ne pas exposer vos biens, ne pas porter tous vos bijoux, ne pas glisser votre portefeuille dans la poche arrière de votre pantalon. Dans les hôtels, ne défaites jamais vos bagages la porte de votre chambre grande ouverte, un simple regard suffirait à évaluer vos biens. Et souvenez-vous que plus un hôtel est bon marché, plus les risques d'une mauvaise surprise sont élevés. La violence se rencontre surtout dans la région de Limón, principalement la nuit.

Téléphone

▶ **Indicatif téléphonique :** 506. Les numéros ont tous 8 chiffres.

▶ **Appeler le Costa Rica :** composer donc le 00 + 506 depuis la France ou la Belgique, et le 011 depuis le Québec, puis les 8 chiffres du numéro de votre correspondant.

▶ **Appeler du Costa Rica :** composer le 00 puis l'indicatif du pays de votre correspondant (le 33 pour la France, le 32 pour la Belgique, le 41 pour la Suisse et le 1 pour le Canada), et enfin le numéro sans le 0 initial quand il y en a un. Ex. : 00 + 33 (indicatif France) + 1 (Paris) + 53 69 70 00 ou encore 00 33 6 10 75 52 73 pour un téléphone portable.

San José											
Janvier	Février	Mars	Avril	Mai	Juin	Juillet	Août	Sept.	Octobre	Nov.	Déc.
14°/ 24°	14°/ 24°	15°/ 26°	17°/ 26°	17°/ 27°	17°/ 26°	17°/ 25°	16°/ 26°	16°/ 26°	16°/ 25°	16°/ 24°	14°/ 24°

Index

PENSE FUTÉ

Partagez vos bons plans sur le Costa Rica

Faites-nous part de vos expériences et découvertes. Elles permettront d'améliorer les guides du Petit Futé et seront utiles à de futurs voyageurs. Pour les hôtels, restaurants et commerces, merci de bien préciser avant votre commentaire détaillé l'adresse complète, le téléphone et le moyen de s'y rendre ainsi qu'une indication de budget. Dès lors que vous nous adressez vos bons plans, vous nous autorisez à les publier gracieusement en courrier des lecteurs dans nos guides ou sur notre site internet. Bien sûr, vous n'êtes pas limité à cette page...
Merci d'adresser vos courriers à PETIT FUTE VOYAGE, 18 rue des Volontaires, 75015 Paris ou infopays@petitfute.com

■ **Qui êtes-vous ?**

Nom et prénom ....

Adresse ....

E-mail .... Quel âge avez-vous ? ....

Avez-vous des enfants ? ❏ Oui (combien ?) ❏ Non

Comment voyagez-vous ? ❏ Seul ❏ En voyage organisé

Profession : ❏ Etudiant ❏ Sans profession ❏ Retraité
  ❏ Profession libérale ❏ Fonctionnaire ❏ Commerçant
  ❏ Autres ....

■ **Quels sont, à votre avis, les qualités et défauts des guides Petit Futé ?**

....

....

....

■ **Votre bon plan**

Nom de l'établissement : ....

Adresse : ....

Téléphone : ....

S'y rendre : ....

Budget : ....

Votre avis : ....

....

....

AUTEURS ET DIRECTEURS DES COLLECTIONS
Dominique AUZIAS & Jean-Paul LABOURDETTE

DIRECTEUR DES EDITIONS VOYAGE
Stéphan SZEREMETA

RESPONSABLES EDITORIAUX VOYAGE
Patrick MARINGE, Morgane VESLIN
et Caroline MICHELOT

RESPONSABLE CARNETS DE VOYAGE
Jean-Pierre GHEZ

EDITION ✆ 01 72 69 08 00
Julien BERNARD, Alice BIRON, Audrey BOURSET,
Sophie CUCHEVAL, Charlotte MONNIER,
Antoine RICHARD et Pierre-Yves SOUCHET

ENQUETE ET REDACTION
Joanna DUNIS, Julie RAULT, Jean-Paul SANCHEZ,
Marie-Hélène MARTIN, Yann et Isabelle CHAPLET

STUDIO
Sophie LECHERTIER assistée de Romain AUDREN

MAQUETTE & MONTAGE
Évelyne AMRI, Julie BORDES, Élodie CARY, Élodie
CLAVIER, Antoine JACQUIN, Sandrine MECKING,
Delphine PAGANO, Émilie PICARD et Laurie PILLOIS

CARTOGRAPHIE
Philippe PARAIRE, Thomas TISSIER

PHOTOTHEQUE ✆ 01 72 69 08 07
Élodie SCHUCK et Sandrine LUCAS

RELATIONS PRESSE ✆ 01 53 69 70 19
Jean-Mary MARCHAL

DIFFUSION ✆ 01 53 69 70 68
Éric MARTIN, Bénédicte MOULET, Jean-Pierre GHEZ,
Aïssatou DIOP et Nathalie GONCALVES

DIRECTEUR ADMINISTRATIF ET FINANCIER
Gérard BRODIN

RESPONSABLE COMPTABILITE
Isabelle BAFOURD assistée de Christelle MANEBARD,
Janine DEMIRDJIAN et Oumy DIOUF

DIRECTRICE DES RESSOURCES HUMAINES
Dina BOURDEAU assistée de Sandra MORAIS
et Cindy ROGY

■ **CARNET DE VOYAGE COSTA RICA** ■

NOUVELLES ÉDITIONS DE L'UNIVERSITÉ©
Dominique Auzias et associés©
18, rue des Volontaires - 75015 Paris
Tél. : 33 1 53 69 70 00 - Fax : 33 1 53 69 70 62
Petit Futé, Petit Malin, Globe Trotter, Country Guides
et City Guides sont des marques déposées ™®©
© Photo de couverture : TABOGA - FOTOLIA.COM
ISBN : 9782746936553
Imprimé en France par
IMPRIMERIE CHIRAT - 42540 Saint-Just-la-Pendue

r nous contacter par email,
quez le nom de famille en minuscule
i de @petitfute.com
r le courrier des lecteurs : country@petitfute.com

Ce guide a été fabriqué chez un imprimeur bénéficiant
du label IMPRIM'VERT.
Cette démarche implique le respect de nombreux
critères contribuant à préserver l'environnement.

evé d'imprimer en 2012